「めんどくさい」がなくなる本

読んだら
スッと
ラクになる

行動心理コンサルタント
鶴田豊和
Toyokazu Tsuruta

フォレスト出版

はじめに――第6の感情「めんどくさい」をなくせば、毎日が楽しくなる

本を読むのも「めんどくさい」あなたへ

本書を手に取ってくださり、本当にありがとうございます。

初対面のあなたに、いきなり失礼かもしれませんが、あなたは、もしかしたら、「本を読むのもめんどくさい」と思っているかもしれません。

ですが、ご安心ください。実は私もあなたに負けないぐらい、「めんどくさがり」な人間です。特に以前は本を読むのがとても苦手でした。本を読み始めると、すぐに眠くなるし、それでも読み続けようとすると、頭が痛くなって嫌になってしまうので

す。

実際、最後まで読み終えた本はほとんどありませんでした。そして、そんな自分が好きではありませんでした。

でも、ある日、たまたま読みやすくておもしろい本に出会い、1冊全部読み終えたときは達成感がありました。そして、気づいたのです。「すべての本が読みにくいわけではない。読みやすい本も存在する」と。

この本には、「本を読むのがめんどくさい」だけでなく、生活のあらゆることについて、**「めんどくさい」をスッキリ解消するための心理テクニックを満載しました。**そして、以前の私のような「本を読むのもめんどくさい」という方でも、楽しく読み進めていただけるように、たくさんの工夫をしました。ぜひこのまま読み進めていただき、本当に「めんどくさい」が解消されるのかどうか実感していただければと思います。

誰もが「めんどくさい」と感じている

「めんどくさい」という感情は、誰もが毎日のように感じています。

朝起きたら、「あ〜、もう朝か。起きるのがめんどくさい」

会社員だったら、
「会社行くのが、めんどくさい」
「別の課の○○さんを説得するのが、めんどくさい」

主婦だったら、
「どうせきれいにしても、すぐ汚くなるから、掃除するのがめんどくさい」
「ママ友との集まりに参加するのが、めんどくさい」

経営者だったら、
「事業計画を作るのが、めんどくさい」
「社員の教育なんて、めんどくさい」

学生だったら、
「あの授業を受けるのが、めんどくさい」
「卒業研究が、めんどくさい」

寝る前には、

「あ〜、明日も1日めんどくさい」

などなど。

あなたにも心当たりがあるのではないでしょうか。

さらに、**夢や目標に向かって行動するときにも、よく「めんどくさい」と感じますよね。**

「英語学習が、めんどくさい」

「独立したいと思っても、めんどくさくて、行動できない」

「運動するのが、めんどくさい」

などなど、私も過去を振り返ると、思い当たることばかりです。

第6の感情「めんどくさい」と上手に付き合う

あくまで私個人の見解ですが、「めんどくさい」という感情は、**喜怒哀楽、妬《ねた》みに続く、人間誰もが持ち合わせている「第6の感情」**だと考えています。

私たちが行動できないのは、この「めんどくさい」という第6の感情が大きく目の前に立ちはだかっているからです。

もし、この「めんどくさい」という感情と上手に付き合っていけたら、ストレスのない、とても楽しい毎日が過ごせると思いませんか？

私は、**行動心理コンサルタントとして、今までに5000人以上の方々の悩みを解決**してきました。

ひと言で「悩み」と言ってもさまざまですが、それらの悩みに共通するキーワードがあります。それが、この第6の感情である「めんどくさい」です。

「めんどくさい」という感情がなくなれば、悩みの大半が解決します。ストレスもなく、とても楽しい人生を過ごすことができるようになるのです。

本書では、私たちの日常について回る**「めんどくさい」という感情とどのように付き合い、どのようになくしていけばいいのか**について、わかりやすくお伝えしていきます。

「めんどくさい」と感じても、無理なく行動するために

ここで1つ質問させてください。

あなたが「めんどくさい」と感じるとき、どんな気分になりますか？

気持ち良いという感情か、不快な感情かと言われたら、圧倒的に不快な感情ですよね。

こうした嫌な気分を毎日のように感じて生きていくのは、正直つらいものです。

夢や目標を実現する人がなぜ少ないのかも、わかります。

誰だって、「めんどくさい」という感情を避けたいですから。

では、こうした状況にどう対応していけばいいのでしょうか。

それには、**やる気やモチベーションは関係ありません**。アメ（ごほうび）とムチ（罰）、努力、根性、忍耐も使いません。代わりに、この本では、**効果実証済みの心理テクニックを用いて、自然と「めんどくさい」が解消される**ようにしていきます。

イメージしてみてください。日々の生活の中で、「めんどくさい」と感じることがいっさいないとしたら、どんな生活になるでしょうか。

楽ですよね。心地よいですよね。毎日をもっと楽しめるようになるはずです。

また、夢や目標があるときに、「めんどくさい」と感じなかったら、どれだけ簡単に実現できるでしょうか？

想像してみてください。スイスイスイッと、次から次へと夢や目標を実現できるようになるはずですね。

この本の内容を実践することによって、「めんどくさい」と感じることが圧倒的に減ります。そして、「めんどくさい」と一瞬感じても、すぐに対応し、無理なく行動できるようになります。

ひと言で「めんどくさい」と言っても、大きく3つに分かれます。

それは、

①「行動するのが、めんどくさい」

②「人間関係が、めんどくさい」

③「何もかもが、めんどくさい」

です。

いずれも「めんどくさい」という言葉を使っていますが、感じている気持ちは異なります。

そのため、この本では3種類の「めんどくさい」について、それぞれの対処法を細かく説明していきます。

「めんどくさい」という感情への具体的な対処法をすぐ知りたいという方は、第1章を飛ばして、**第2章から読み進めていただいてもOK**です。第2章から読んでもわかるように書いてあります。

この本が、あなたの「めんどくさい」解消の手助けとなり、毎日がワクワクして楽しい人生を送るためにお役に立てたら、著者としてこんなにうれしいことはありません。

目次

「めんどくさい」がなくなる本

第1章

なぜ「行動するのが、めんどくさい」が起こるのか？

第2章

「行動するのが、めんどくさい」がなくなる4つの原則

第3章

「行動するのが、めんどくさい」を消す技術

第4章

「行動するのが、めんどくさい」をなくす10の工夫

第5章

「人間関係がめんどくさい」のメカニズムと対策

第6章

相手に関係なく、自分が幸せでいられる6つの方法

第7章

苦手な人にうまく対応できるようになる方法

第8章 嫌いな人が気にならなくなる5つのステップ

第9章 「何もかもがめんどくさい」を解消して、希望を取り戻す

装幀・カバーイラスト◎原田恵都子
本文・図版デザイン◎二神さやか
DTP◎株式会社キャップス

第1章

なぜ「行動するのが、めんどくさい」が起こるのか？

行動力を上げるのに、「やる気」は必要ない

夢や目標の実現を加速させるためには、行動力が一番の鍵です。

あなたは、次のような経験をしたことはありませんか?

いろいろな本を読んだ。いろいろなセミナーに行った。いろいろな教材で学んだ。

でも、行動につながらず、人生が変わらない。行動さえできたら人生が変わるのに……。

このような経験をしないために、どうしたら行動できるようになるのか、そのための考え方や心理テクニックについてお話しします。

行動すると、いろんなチャンスを引き寄せやすくなります。

今まであなたは、行動力を上げるためには**「意志の力」**や**「やる気」「モチベーション」**が必要だと聞いたことがあるかもしれません。しかし、これらは**行動力とほとんど関係がない**のです。

あなたは、「行動」という言葉を聞いて、なんとなくネガティブな感情が出てきま

せんか？

それは、「行動」という言葉を聞くと、「意志の力」や「モチベーション」という単語が頭に浮かぶからです。

あなたがこれまで行動できなかったことがあったとしたら、それは、自分の意志の力が足りないからだと思ったことはありませんか？

これまで何か行動できなかったことがあったとして、そのときに、自分のやる気が足りなかったからだと思ったことはありませんか？

でも、実はそれは真実ではありません。やる気やモチベーション、意志の力は、行動力とはあまり関係ないのです。

自己啓発書を読む目的は、やる気に火をつけることだと言う人がいます。でも、この本では、あなたのやる気に火をつけるようなことはしません。

なぜなら、私がお会いしてきた**多くの幸せな成功者の頭の中には、「やる気」や「モチベーション」という言葉がない**からです。そういう概念がないのです。

「やる気に火をつける」というのは、一時的なものに過ぎません。「モチベーション」も同じです。

「やる気」に代わる、行動するのに必要なもの

よく企業で、「従業員のモチベーションを上げる」といった話があります。以前、私がマイクロソフトで働いていたとき、人事部署にいましたが、やる気とか、モチベーションという言葉を一度も聞いた記憶がありません。

代わりによく耳にしたのが、**「パッション（情熱）」**です。

「やる気やモチベーションを上げなきゃ」というのは、「あまりやりたくないことをやらないといけない」という意味が裏に隠されています。

やる気やモチベーションという燃料は、きわめて短期的なものです。

こうした次元の話は、この本ではしません。この本では、持続的なエネルギーによって自然体で大量に行動して、次々と夢ややりたいことを叶えていくにはどうすればいいかをお伝えしていきます。

アメとムチでは、「めんどくさい」は消えない

「やる気」や「モチベーション」という言葉には、基本的に「アメ」と「ムチ」が付いてまわります。言い換えれば、「ごほうび」と「罰」ですね。モチベーションややる気を出すために、「ごほうび」を与えるというものです。

たとえば、ダイエットでアメ（ごほうび）といえば、「やせたあとでキレイになる」、もっと手近なところでは、「やせるための行動を何かしたら、そのときに人からほめてもらう」または、「自分で自分をほめる、喜ぶ」といったものでしょう。

そうしたことは、よく自己啓発の本に書いてあります。

一方、ムチ（罰）としては、「自分の目標は、ダイエットして何キロになることです」と、まわりの人に宣言する。そう言っておくことで、「自分がもし達成できなかったら、他の人にどう思われるだろうか」というのが、ムチ（罰）です。

しかし、これは、**自分をとても苦しめる**ことになります。

そもそも、達成できなかったらどう思われるかを気にするから、ダイエットをする

のでしょうか？

それは、あまりにも本末転倒な話です。ムチ（罰）を避けるための行動は、つらいものにしかならないのです。

社員のモチベーションを上げるための有効策の1つとして、アメ（ごほうび）には、「収入が上がる」といったものがあります。

しかし、同じような刺激ばかりを繰り返しても、モチベーションの向上にはつながりません。人は、すぐ同じ刺激に慣れてしまう、脳の習性があるからです。だから、もっと強い刺激が必要になります。

これまで通用していたアメ（ごほうび）は、すぐに通用しなくなるのです。

ムチ（罰）も同じです。怒られてばかりいる人がまた怒られても、「どうせ自分はダメだ」と思うようになり、ムチ（罰）にならなくなりますよね。

これは、他人ではなく、自分自身に対しても同じなのです。自分で自分のことを責めてばかりいると、全然ムチ（罰）にはなりません。

逆にストレスが溜まって、行動できなくなってしまいます。

つまり、「行動するのが、めんどくさい」をなくすには、アメ（ごほうび）とムチ

（罰）の世界から脱却する必要があります。

やる気とかモチベーションを高める上で最も一般的なアメ（ごほうび）とムチ（罰）のやり方は、やっていて本当に苦しいものです。

行動自体のプロセスが楽しめないことに加えて、すぐに慣れてしまい、効果が限定的です。

しかし、多くの人は、行動するために、この方法にすがってしまうのです。

まず、「アメ（ごほうび）」と「ムチ（罰）」の世界から脱却することから始めるんだと心得ておいてください。

「行動するのが、めんどくさい」を増幅させる、1つの危険行為

何か行動しようとするときに、**無理やりテンションを上げようとする人**がいます。

しかし、無理にテンションを上げようとすると、「めんどくさい」を増幅させる危険性があるので注意が必要です。

テンションというのは、上げれば下がります。私はこれまでいろいろなセミナーに

参加しました。多くのセミナーでは、すごくテンションを上げます。私は以前、そうしたセミナーに参加した次の週は風邪で寝込んでいました。のどを涸《か》らすくらい大声を出しますからね。

もちろん、スポーツ選手など短期決戦を必要とする人には、テンションを上げることが大事になってきます。

しかし、私たちの人生はどうでしょうか？

夢や目標を達成しようと思ったときに、それは短期決戦ではありません。時には短期決戦がありますが、基本的には長期戦です。ですから、常にテンションを上げ続けるのは無理というものです。

テンションを上げ続けると、心と体が疲れ果ててしまいます。「ここぞと」いう勝負のときにテンションを上げるのは有効ですが、普段からテンションを上げる必要はまったくありません。

「心のブレーキ」を自分で好きなときに外す

行動が一番続くのは、**自然体のとき**です。**好きなことをやっているとき**の状態です。

職人さんやマニアの方は、テンションはそんなに高くないですが、熱い情熱を持っています。好きなことについて話し始めたら、とても幸せそうになる人を見たことがあるでしょう。自然体が一番なのです。

よりわかりやすくするために、行動を「車でドライブすること」にたとえて解説します。

人は皆、最高級の車を持っています。あなたもその車に乗っていると、イメージしてください。そこに、無限のエネルギーを注入します。そして、足をブレーキから外します。それは、心のブレーキを外すことを意味します。すると、持続的な高速ドライブが可能になって、夢に向かって一直線に走る！　という状態になります。

これが、無限なエネルギーではなく、「やる気」や「モチベーション」「意志の力」のエネルギーだと、ひんぱんに止まらなければなりません。

しょっちゅうエネルギー補充しないといけないのです。

「意志の力」がもつのはだいたい3日と言われています。やる気やモチベーションで一時的に行動しても、すぐにエネルギーが切れて、また注入です。前と同じガソリンを入れても動かなくなっているので、新たな、より刺激の強いガソリンが必要になります。それも通じなかったら、やっぱり「自分はダメな人間なのだ」と考え、前に進むことをやめてしまうパターンに陥ります。

一方、無限のエネルギーを持っていて、常に前に進むエネルギーがあり、心のブレーキが外れていれば、ものすごい速さで、ラクに前に進めます。

「心のブレーキ」とは、たとえば「めんどくさい」という感情です。

多くの人が、私も含めて、無意識のうちに心のブレーキを踏んでいます。ブレーキを踏みながら進もうとしても、全然前には進みません。

しかし、**心のブレーキを自分の意志で、好きなときに外せればどうでしょうか。**自分が必要なタイミングで前に進めます。でも、車からブレーキを完全に外してしまうのも危険です。ブレーキ自体は必要です。ただ、必要なときに必要なだけのブレーキを自分で踏めるようになることが大事なのです。

あなたを動かす2つのエネルギー

無限のエネルギーとは、「パッション」と「ミッション」です。

「パッション」とは、情熱のことです。

パッションは、胸のあたりでずっと燃え続けているものなのです。パッションがあると、自然に行動できてしまいます。やらずにはいられないエネルギーとも言えるでしょう。

「ミッション」とは、人生の目的です。

私のメンター（恩師）で、パッションについての世界的なエキスパートであるジャネット・アットウッドは、ミッションについてこう言っています。

「パッションは、ミッションを見つけるためのパンくずみたいなものだ」

童話で、森の中を歩いている子どもがパンくずを落としていくという話があります。パンくずを落としていくことで、あとでそのパンくずを頼りに目的地に着けるというわけです。

つまり、「パッションを生きていると、自然とミッションにたどり着ける」「パッションがミッションを見つけるヒントになる」とジャネットは言っているのです。

夢や目標を実現している人の2つの共通点

夢や目標を次々と実現している人には、2つの共通点があります。

1つは、**「望む結果が明確になっている」**こと。

もう1つは、**「望む結果を実現できると確信している」**ことです。

望む結果を明確にすることの大切さは、いろいろな本に書かれているので、あなたもこれまでよく見聞きしたことがあると思います。ですが、実際に明確になっている人はほとんどいません。

望む結果を明確にするためには、次の質問に答えてください。

「何の制限もなく、すべてが実現可能だとしたら、あなたは何をしていたいですか？何を持っていたいですか？　どんな人になっていたいですか？」

この答えを思いつくままに書き出してみてください。そして、その中で、特に心に響くことの実現に集中するとよいでしょう。

次に大事なことは、書き出したことが実現できるという確信を持つことです。

多くの人にとって、これは、望む結果を書き出すよりもはるかに難しいでしょう。「自分が望んだことは何でも実現できる」という確信を持てるようになると、夢や目標が次々と実現していきます。

私自身、「自分が望んだことは、何でも実現できる」という確信を持っていますので、受験・恋愛・就職・転職・独立・出版など、自分が望む結果を次々と実現してきました。確信のパワーのすごさは、いくら強調しても強調しきれません。

どうしたら、望む結果の実現を確信できるようになるのでしょうか？

そのためには、**望む結果の実現を妨げるものを理解する**ことが大切です。

望む結果の実現を妨げるものはいろいろとありますが、最大の妨げが「めんどくさい」なのです。

夢や目標を実現しようと思って、前に進もうとしたときに、一番ひんぱんに邪魔をしてくる感情、それがこの本のメインテーマである「めんどくさい」の正体なのです。

望む結果を得られないのは、「方法を知らないから」ではない

多くの人は、夢や目標を実現できないのは、「方法がわからないから」と言いますが、実際、方法なんてたいした問題ではありません。

自分が望む結果をすでに手に入れている人は、この世に存在しているはずです。そうでなくとも、自分が望むのと似たような結果を手に入れている人はいるでしょう。そうした人にお金を払うか、誠意を見せるかして、方法を教えてもらえばいいだけです。もしくは、お互いにとってメリットのある形でパートナーシップを結ぶという手もあります。

書店やネット上には、あらゆる分野の成功ノウハウがあふれています。

ですが、それらのノウハウを学んで成功する人が少ないのは、方法論が問題なのではなく、実際に行動しないからです。

では、なぜ行動できないのか？　それは、「めんどくさい」という感情への対処の

仕方を知らないからと言えます。

逆に言うと、**「めんどくさい」への対処の仕方がわかっていれば、どんな夢や目標も実現できる**と思いませんか？

あなたがダイエットしたいと思ったときに、「めんどくさい」という気持ちがなければ、どれだけ簡単に体重を減らせることでしょう。

また、あなたがインターネットビジネスで稼ぎたいと思ったときに、「めんどくさい」と思わなければ、大量に行動でき、いくらでも稼げるようになると思いませんか？

この本を読んで、「めんどくさい」に対処できるようになると、望む結果を実現できるという確信は強まります。

すると、今までは無意識に無理だと決めつけて、考えようとしてこなかった夢や、やりたいことが浮かんでくるでしょう。それが、あなたの本当にやりたいことです。

それが見つかれば、その実現はあっという間です。

望む結果が明確で、その実現に確信を持てるようになれば、あとは思いつくまま、いろいろと行動していくことで、必ず道が開けます。

「○○すべきだ」を手放す

あなたは、**「引き寄せの法則」**をご存じですか？

引き寄せの法則とは、「似た者同士が引き寄せ合う」という法則です。類は友を呼ぶという言葉がありますね。そこから発展して、自分が望む結果に意識を向けると、それが引き寄せられて現実化することも、引き寄せの法則に含まれます。

引き寄せの法則において大切なのは、自然体でいることです。自然体とは、肩に力が入っていない状態。そして、今目の前にあることを柔軟に受け入れる、心をオープンにした状態です。

そこで大事なのは、望む結果を実現するための手段や方法には、いっさいこだわらないということです。

好きなことをして自由に生きている人は、何かを実現したいと思ったら、そのために思いついた行動を手当たり次第やります。

当然、その中でうまくいくものと、うまくいかないものが出てきます。うまくいくものを継続していくと、いろいろなところからチャンスがやってきます。

そうした良い流れに乗って、いつの間にか、自分が元々望んでいたものか、もしくは、それ以上のものを手に入れているのです。まさに、「流れに乗る」という感覚です。

自分の「こうすべきだ、こういうやり方でやるべきだ」という考えを手放して、柔軟になることです。

すると、いろいろな可能性やチャンスが開けてきます。常に心をオープンにするとは、こういうことです。手段はいくらでもあります。

その「引き寄せ」は、1冊の本との出会いから始まった

引き寄せの例として、私が、世界一の情熱発見ツールの開発者であるジャネット・アットウッドの本を翻訳して出版につながった例をご紹介します。

私は、ジャネットの情熱発見ツール「**パッションテスト**」に出会う前に、人生において、情熱はすごく大事だと思っていました。

しかし、まだまだ十分に情熱あふれる人生を生きていないと感じていました。「もっと情熱あふれる人生を生きるには、どうすれば良いのだろう」と思い、ある日、「情熱」というキーワードでネット検索しました。すると、日本語では、男女のロマンスの話ばかりで、私が知りたい情報は出てきませんでした。

そこで、「情熱」の英単語である「PASSION」で検索をしました。情熱の分野で世界一の人は誰だろうと思って探していたところ、見つけたのが『The Passion Test（パッションテスト）』という本でした。さっそく私は、米国のAmazonのサイトでその本を買って読んだところ、すごく読みやすくておもしろかったのです。その本に書いてあったパッションテストを実際に友人たちと一緒にやってみると、とても楽しく、自分が何に対して情熱を持っているかがすぐに明確になったのです。「これは、すごい！」と思って、ぜひ、著者であるジャネット・アットウッドに会って、直接学びたいという思いを持ちました。

そこで、カナダのバンクーバーに4日間のパッションテストの講座を受けに行きました。そのとき初めてジャネットに会ったのですが、当初、私は恐る恐る参加しているという感じでした。人と距離を置くのが私の人付き合いのパターンなので、ちょっと距離をとって遠慮がちに座っていたのです。ジャネットもそれを見て、「彼は本当に無口で静かな男だな」と感じたようです。話しかけられても、あまり話せませんでした。

それで、ジャネットに、「あなたは普段何しているの。どういうことをやっているの？」と聞かれて、自分のことを話したら、あまり興味を持ってもらえませんでした。自分の英語が通じてないのかなと思いながら、ずいぶん落ち込みました。

自分の才能は、こうして発見される

そんな調子で講座が進んでいく中、講座中に皆の前でデモンストレーションをするとき、ちょっとした〝事件〟が起こりました。

手を挙げない人が指名されるというルールだったようなので、勢いよく手を挙げたところ、逆に指名されて、皆の前で発表することになってしまったのです。

不安と恐怖でドキドキしながら皆の前に立ったのですが、驚いたことに、発表を始めてからは、とても楽しかったのです。

まわりの反応も良く、ジャネットが「あなたはすばらしい！　アンソニー・ロビンズみたいだ」と言ってくれました。アンソニー・ロビンズは、世界トップクラスの講演家です。当時の私にとって、それは最高のほめ言葉でした。

ジャネットは、「あなたは人前で話すと、何かが違う」と言ってくれました。それが私の才能だと言ってくれたのです。

私はそれまで、人前で話すことはおろか、講演家になるなんて、自分には絶対できないと思っていました。「できない」「やりたくない」と、自分に言い聞かせていました。

しかし、ジャネットからそう言ってもらい、少し殻がとれたのかもしれません。いつの間にか、「俺、できるんじゃない？」と思うようになっていました。

「絶対できる」と信じる

パッションテストの講座に日本から参加したのは、私が初めてだったこともあり、ジャネットに「パッションテストを日本で広めたい」と口にしていました。そのために、「パッションテストの本を翻訳して、日本で出版したい」という話もしました。

私は、ジャネットが真剣に聞いてくれていると思っていたのです。でも、あとになってわかったことですが、当時、ジャネットは聞き流していたそうです。

それは、その場限りの思いつきで、そういうことを言う人は世界中にいるからです。どうせ彼もそのうちの1人で、話を合わせておこうと思ったのでしょう。

しかし、私の中では**なぜか確信があり、根拠なく「できる」と思った**のです。

出版の経験もないし、講演の経験もないし、セミナー業界の事情もわからないし、翻訳の経験もない。しかし、なぜかわからないですが、「できる」と思ったのです。

私は、ジャネットに翻訳出版を提案しました。彼女は返事を渋りました。なぜなら、以前、パッションテストの本を別言語に翻訳したときに、プロではない人が翻訳して、うまくいかなかったことがあったからです。「あなたは、プロの翻訳者じゃないでしょう？　だから難しいね」と言われて、その場は終わりました。

セミナー終了後、ジャネットが個人的に旅行に誘ってくれました。ジャネットの友人のカナダ人大富豪の家に泊まらせてもらったり、ヘリコプターでいろいろなところへ連れて行ってもらいました。そうしたすばらしい体験をしたのですが、出版の話は全然進みませんでした。むしろ、暗礁に乗り上げていました。

それでも、なぜか私は、「絶対できる」と信じ込んでいました。

今思うと、自分でも不思議です。なぜ、そんなふうに考えていたのでしょう。

動いているうちに、「課題」も自動的に解決する

日本へ帰国した後、この本を翻訳出版するにはどうしたらいいのか考えました。ジャネットはダメだと言いましたが、不思議とそれでやめようとは思いませんでした。

どうすれば良いのかをいろいろと考えた結果、とりあえず出版企画書の書き方すら知らないので、出版企画書の書き方についての本を2冊買いました。試しに出版企画書を書いてみたものの、すばらしい企画書が書けたかどうか確信が持てませんでした。

出版についてもっと深く学びたいと思っていたときに、たまたま私が大好きな著名なベストセラー作家の先生が、ベストセラー作家養成合宿を開催することを知り、そこに参加しようと決めました。

「その合宿で出版の成功法を教えてくれるかもしれない。翻訳出版に必要なことはす

べてそこで質問しまくるぞ」と思って参加しました。

合宿の最中に、翻訳出版に必要なノウハウを学び、出版企画書をチェックしていただきました。これも不思議なことに、夕食のときに、その先生がたまたま私の目の前に座ってくださったのです。そして、「その本は売れるよ」と言ってくださいました。

とてもうれしく、「自分の進んでいる道は間違っていない」という思いが強くなりました。

合宿のあと、「私はプロの翻訳者ではないから、その点はどうしようか」と思いながら、アンテナを張っていました。すると、たまたまジャネットが以前どこかのイベントで会ったユール洋子さんを私に紹介してくれることになりました。ユールさんと直接お会いして、この出版企画書を出版社に持って行き、話が決まったら一緒にやりませんかとお伝えしたところ、ありがたいことに、ユールさんは快く応じてくださいました。これで問題解決です。私がプロの翻訳者でなければ、実績のあるプロの翻訳者と組めばいいというわけです。

私には、出版社とのコネクションはいっさいありませんでした。しかし、たまたま少し前にビジネスパートナーがフォレスト出版を紹介してくださったのです。

私は、そのご縁を元に出版企画書をメールで送ったところ、すぐに電話をいただいて、翌日地元の福岡から東京へ飛び、ミーティングを行ないました。ミーティングでは、話がスムーズに進み、すぐに出版する運びとなったのです。そこからは、一気に話が進んでいきました。

出版社がOKであるということは、ジャネットも文句はない。しかも、プロの翻訳者もついている。ジャネットが断る理由はなくなったわけです。

そして、さらに良いことには、フォレスト出版は、本を出版するだけでなく、教材やセミナーも販売する、日本でも世界的にも非常に珍しい出版社であったということです。

行動するのに必要な、たった1つのもの

ここで気づいていただきたいことがあります。

私の望みは、ジャネットの本の翻訳出版をすることでした。そして、そのために、**とにかくやれること、思いつくことをいろいろやってみました。あとは流れに身を任せ**

ただけです。その結果、自分が当初思っていた以上の結果になりました。

その1年後、ジャネットの翻訳本『心に響くことだけをやりなさい！』が刊行されて、ジャネットの初来日セミナーを開催することができました。その後は、年に数回ジャネットのイベントを日本で開催しています。ジャネット以外にも、マーシー・シャイモフ、リン・トゥイスト、ロジャー・ハミルトン、フィル・タウンなど世界一流の講師を日本に呼んで大きなイベントを開催しています。こんなことは、最初はまったく予想もしていませんでした。

当初、私には経験も実績もコネクションもありませんでした。**あったのはパッション（情熱）だけ**です。

パッションさえあれば、夢を実現することは可能です。自分が望むものは絶対手に入ります。こうしたステップに沿って行動すればうまくいきます。

私は自分が幸運であると思っています。

でも、それは、私だからできたわけではありません。私はただ、**自分のパッションに従っていただけ**です。

パッションを生き始めると、幸せな気分で行動できるので、引き寄せの法則により、その幸せがさらなる幸せを引き寄せることができます。
あなたのパッションは、何ですか？

第2章

「行動するのが、めんどくさい」がなくなる4つの原則

「行動するのが、めんどくさい」と感じるときの共通点

この章では、何かを行動しようとするときに感じる「めんどくさい」という感情への対処法について、具体的にお伝えしていきます。

私たちは、なぜ「行動するのが、めんどくさい」と感じるのでしょうか？

実は、「行動するのが、めんどくさい」と感じるときには、常に共通点があります。

これを私は**「めんどくさい発生のメカニズム」**と呼んでいます。

「やらなきゃ」と思う

↓

いろいろと考えてしまう

↓

「めんどくさい」と感じる

何かをやらなきゃいけないと思うと、「めんどくさい」と感じやすくなります。

そして、頭でいろいろと考えれば考えるほど、さらにめんどくさいと感じるようになるという流れです。

ダイエットのためにジョギングをしたい人がいるとします。

ダイエットのために「ジョギングをやらなきゃ」と思っている人は、めんどくさいと感じやすいですね。

そして、いろいろと考えてしまいます。

朝起きたとき、「走ったら膝《ひざ》を痛めるかもしれない」「昨日ちょっと走って膝を痛めたから、また走ると健康に良くない」とか、「外は寒いし、風邪をひくかもしれない」「今日は大事な会議があって、体を休めたほうがいい」「時間がない」「他にもやることがいっぱいある」など、いろんなことを考えるわけです。

そのように**考えれば考えるほど、よりめんどくさいと感じて、やりたくなくなります。**

別の例も見てみましょう。

「掃除をするのがめんどくさい」と感じている人は、「掃除をやらなきゃ」と思っています。そして、「どうせ掃除をしても、すぐに散らかるし」とか、「どうせ掃除をするなら、徹底的にキレイにしたい」とか、いろいろ考えてしまって、やりたくなくなるわけです。

一般的に、「やらなきゃ」と思えば思うほど、やりたくなくなります。そして、「やらなきゃ」と思っていろいろ考えていると、「めんどくさい」という気持ちが強くなります。

「～しなければならない」というのは、義務ですよね。一般的に人は、できるだけ義務を負いたくないわけです。

ですから、義務から逃れるための材料をなんとか集めようと、いろいろと考えてしまうのです。その結果、「めんどくさい」という感情が強くなります。

「行動するのが、めんどくさい」をなくす4つの原則

では、具体的にどうしたら「行動するのがめんどくさい」と感じないようになるのでしょうか?

「行動するのがめんどくさい」をなくすには、４つの原則があります。

先ほどの「めんどくさい発生のメカニズム」をもう一度見てみましょう。

「やらなきゃ」と思う
↓
いろいろと考えてしまう
↓
「めんどくさい」と感じる

このメカニズムをしっかり頭の中に入れておいて、読み進めてください。

①「やらなきゃいけないこと」を減らす——第1の原則

「めんどくさい」と感じるのは、まず、「やらなきゃ」と思うからです。

そこでまず、1つ目の原則は、普段の生活の中で、できる限り、やらなきゃいけないことを減らすことです。

多くの人は、**自分が本来やる必要のないことをやらなきゃいけないと思い込んでいま**

す。その結果、時間を無駄に使っています。そこを整理して、本当にやらなきゃいけないことだけに絞るのです。

好きではないこと、やりたくないこと、得意ではないことを減らせば減らすほど、「めんどくさい」と感じる機会は減っていきます。

たとえば、「皿洗いをやらなきゃ」と思うのであれば、食器洗浄機を買うことによって、皿洗いがめんどくさくなくなるでしょう。

②「やらなきゃ」と思わないようになる——第2の原則

しかし、どれだけ「やらなきゃいけないこと」を減らしても、「やらなきゃいけないこと」がすべてなくなることは決してありません。

「めんどくさい」をなくす2つ目の原則は、「やらなきゃ」と思わないようになることです。

今まで「やらなきゃ」と思っていたことに対して、「やらなきゃ」と思わなくなれば、めんどくさいという気持ちは感じなくなります。

以前、私は「文章を書くこと」がとてもめんどくさかったのですが、この本でお伝えしているテクニックを使うことで、「文章を書かなきゃ」と思わなくなった結果、こうして、この原稿を楽しく書き進めています。

「やらなきゃ」という考えは、あくまでも主観によるものです。「文章を書くこと」に対して、「書かなきゃ」と思っている人はいるでしょうし、「書きたい」とか「書いてもいい」と思う人もいるでしょう。

また、同じ人でも状況によって、「書かなきゃ」と思うときと、「書きたい」と思うときがあるはずです。

このように、「やらなきゃ」という考えを「やりたい」とか「やってもいい」などに変えることができれば、「めんどくさい」という気持ちがなくなります。

一方、どうしても「やらなきゃ」という考えがなくならない場合もあると思います。たとえば、「朝、会社に行かなきゃ」とかですね。

ただ、どうしても行きたくなければ、会社を辞めて、家でできる違う仕事を始めればよいので、これもよくよく考えると、本当の意味では、「行かなきゃいけない」わけではありません。

しかし、最初からそうした自由な生き方ができる人はまれでしょうから、多くの人にとって「やらなきゃ」という考えを最初から完全になくすのは、難しいかもしれません。

③「やらなきゃ」と思っても、いろいろと考えない――第3の原則

では、「やらなきゃ」という考えをなくせないのであれば、どうすれば良いのでしょうか？

もう一度、「めんどくさい発生のメカニズム」を見てみましょう。

「やらなきゃ」と思う

↓

いろいろと考えてしまう

↓

「めんどくさい」と感じる

ここで「めんどくさい」をなくす3つ目の原則は、「やらなきゃ」と思っても、そ

のあと、いろいろと考えないことです。

「朝、会社に行かなきゃ」と思ったときに、「今日も会社で、あの上司に嫌味を言われるのかな」とか、「今月のノルマはきつい」「同僚はどんどん出世しているのに、自分は……」「もう、会社を辞めたい」などと考えると、「めんどくさい」という気持ちが強くなります。

ここで、「朝、会社に行かなきゃ」と思ったときに、それに関連していろいろな考えが浮かんでこなければ、めんどくさくなることはないでしょう。

実際、**「めんどくさい」という感情を引き起こしやすい考え方**というものがあります。そうした考え方への対処法を知ることで、めんどくさくなくなります。

このことは、第3章で詳細に解説します。

④工夫して、とにかく行動する——第4の原則

「めんどくさい」をなくす4つ目の原則は、工夫をして、とにかく行動することです。行動し始めれば、「めんどくさい」という感情は薄れます。

たとえば、ジョギングを始める前は、すごくめんどくさく感じて、ずっと先延ばし

にしてきたけど、いざ始めてみると、「めんどくさい」という感情が薄まり、楽しくて、つい1時間以上走ってしまったという経験を持つ人は多いですね。

「工夫して」という部分がポイントです。努力や根性、感情のコントロール、やる気やモチベーションではなく、心理テクニックを用いて工夫をすることで、無理なく行動ができるようになります。

具体的な工夫については、第4章で解説します。

ここでもう一度、「めんどくさい」がなくなる4つの原則をおさらいしておきましょう。

◎第1の原則：「やらなきゃいけないこと」を減らす
◎第2の原則：「やらなきゃ」と思わないようになる
◎第3の原則：「やらなきゃ」と思っても、いろいろと考えない
◎第4の原則：工夫して、とにかく行動する

このあと、それぞれの原則について具体例を交えながら、詳細に解説していきます。

「やらなきゃいけないこと」を減らす3つのステップ

「めんどくさい」をなくすには4つの原則があるとお伝えしました。

その第1の原則が「やらなきゃいけないこと」を減らすことです。

「やらなきゃいけないこと」が減れば減るほど、めんどくさいと感じる機会は減ります。

では、どうすれば、「やらなきゃいけないこと」を減らすことができるのでしょうか？　それには、3つのステップがあります。

「めんどくさい」と思ったことを紙に書く——ステップ①

まず、**何かが「めんどくさい」と思ったら、それを紙に書く**ようにしてください。

たとえば、「運動するのがめんどくさい」と思ったとしましょう。

そうしたら、まず紙に「運動するのがめんどくさい」と書いてください。

慣れてきたら、紙に書かずに、頭の中でやってもいいですが、最初のうちは練習のために、紙に書くことをお勧めします。

一般的に、自分の考えを紙に書くと、その考えが頭に浮かびにくくなるので、頭の中がすっきりします。ですから、**ネガティブな考えが浮かんできたときほど、紙に書くといい**のです。

逆に、

「『運動するのがめんどくさい』だなんて、なんてことを自分は考えているんだろう。自分はなんて意志の弱い人間なんだ。こうしたことは考えるべきではない」

と思って、**ネガティブな考えにふたをしようとすると、しょっちゅう、そうした考えが頭に浮かぶようになります。**

ネガティブな考えは、注目してほしいという特徴を持っているので、はっきりと認めてあげないと、自分の中でどんどん膨らんでいきます。

逆に、その存在を認めてあげると、必要以上に大きくなることはなく、不要になれば、自然と消えていきます。

自分に質問をする――ステップ②

たとえば、「運動するのがめんどくさい」と書いたあと、次のように、自分に質問をしてください。

「自分は本当にこれをする必要があるのだろうか」

世間一般には、健康的な生活を送るためには、運動が必須であり、多くの成功者は運動している。だから、成功したかったら、定期的に運動すべきだという考えが流布しています。

これは、あなたにとって本当に真実でしょうか？

世間がどうとか、他人がどうとかではなく、あなたにとってどうでしょうか？

私の場合、やはり世間からインプットした情報を元に、「幸せに成功するためには、運動すべきだ」とずっと考えていました。そして、何度、運動しようとしても、その度に挫折し、続きませんでした。その精神的ストレスは、とても大きかったのです。

「～すべき」とか「～やらなきゃ」と思って、できていないと、それは大きなストレスになります。

その後、私は世界一の情熱発見ツールと呼ばれる「パッションテスト」を受けてから、運動すること自体は自分のパッション（情熱）にはまったく入っていないことがわかりました。

（パッションテストを受けると、自分が何に対して情熱を持っているかが明確になります。具体的なやり方は、私の訳書である『心に響くことだけをやりなさい！』に書かれています。また、パッションテスト日本公式サイト http://thepassiontest.jp/ にて無料でパッション診断を受けることができます）

一方、私にとって大切なパッションの1つに、「人前で講演する」というものがあります。そのために必要な体力を維持するために、なるべく車や自転車を使うことなく、歩くようになりました。

つまり、私にとって運動とは、他のパッションを満たすための手段であり、他のパッションを満たすことに集中していれば、そのために必要な分の運動は自然と行なうようになるということです。

その結果、以前よりもずっと健康になりました。体の健康も大事ですが、心の健康も大切です。自分のパッションに沿って行動していれば、ストレスは少なく、自然と健康になります。

もちろん、パッションは変わっていくので、今後、私はもっと多くの運動をすることになるかもしれません。ですが、今の私にはこれで十分です。

世間がどうか、他人がどうか、成功者がどうかはいっさい関係がありません。自分の生き方を決めるのは、他人ではなく、あなたです。

そして、私の経験上、自分のパッションに沿っているかどうかで選択すると、幸せでいられます。パッションは自分のハート（心）が教えてくれます。

ですから、自分のハートに聴いてみてください。

「自分は本当にこれをする必要があるのだろうか」と。

ポイントは、頭ではなく、ハートに聴くことです。自分が幸せになるにはどうしたら良いかは、ハートが一番よく知っています。頭に聴いても、世間体や損得などで、考えが揺れてしまいます。

「自分は本当にこれをする必要があるのか」と迷ったら…

どうしても迷ってしまう場合、**目をつぶって、あなたの尊敬している人をイメージ**してみてください。

その人があなたに対して「運動しなさい」と言っているところを想像します。どう感じるでしょうか?

次に、**その人があなたに対して「運動する必要はありません」と言っているところを想像**します。

今度はどう感じるでしょうか?

どちらのほうが気分が良いでしょうか?

気分の良いほうを選択すると、より幸せになれる選択ができます。

その結果、やっぱり運動することは自分にとって大切なことで、運動したいと思えるのであれば、やればいいし、そうでないのであれば、今はやめておいたほうがいいでしょう。

やる必要があるかどうかの判断基準としては、**損得ではなくて、直観で選ぶ**ことをお勧めします。

すると、本来やる必要がないのに、やらなきゃいけないと思い込んでいることが、大幅に減ります。

「自分はやらない」という選択をする──ステップ③

最初は「やらなきゃ」と思ったことでも、**よくよく考えた結果、自分がやらなくてもいいと思えた場合は、やらないという選択をしてください。**

私は、複数の事業を経営していますが、自分がやらなくてもいいと思った事業を手放したら、経営状況が改善しただけでなく、たくさんの自由な時間が生まれ、心も軽くなりました。

「自分がやらなくてもいい」と思ったことは、**人にお願いしてやってもらう**という選択肢もありますし、**機械にやってもらう**という手もあります。

たとえば、私は以前、自分でホームページを作成していましたが、今は人にお願いしてリーズナブルな価格で作ってもらっています。そのほうが質のいいホームページができますし、私の時間も有効活用でき、ストレスもありません。

また、掃除がめんどくさいので、今ではお掃除ロボットにやってもらっています。

自分のパッションや望む結果が明確になっていると、それ以外のことに対して、自然と「NO」と言えるようになります。

誰かに何か頼まれ事をされた場合、以前であれば、相手から嫌われないために、気が進まなくても引き受けていたことがあったかもしれません。しかし、これからは勇気を出して、丁重に「NO」と言ってください。

それでどう思うかは相手の問題であって、あなたの問題ではありません。

すべての人から好かれようと思って、自分の心を抑えるよりも、ありのままの自分を表現して、気に入ってくれる人とは密に付き合い、そうでない人とはそれなりの付き合いをするほうが、結局うまくいきます。

このようにすると、やらなきゃいけないことはどんどん減っていきます。私もいつの間にか、事業が整理されていました。今まで売上の中心だった事業が、自然と縮小しました。自分がその事業に関しては、パッション（情熱）を全然持っていないということに気づいたのです。全然ワクワクしなかったから、自然と減ったのだな、と思います。一方、自分がワクワクする事業の売上が大幅に増え、トータルでは以前よりも増えています。

ぜひ、**やらなくてもいいことは、やらないという選択**をしてください。長期的にはそのほうがうまくいきます。

「やらなきゃ」と思わないようになるための2つのステップ

「めんどくさい」がなくなる4つの原則の2つ目は、「やらなきゃ」と思わないようになることでした。

「やらなきゃ」という考えを「やりたい」とか「やってもいい」というふうに変えることができれば、「めんどくさい」という気持ちがなくなります。

それでは、どうすれば、「やらなきゃ」と思わないようになるのでしょうか。それには、2つのステップがあります。

自由な心を取り戻す――ステップ①

「やらなきゃ」と思わないようになるには、まず、自由な心を取り戻すことが有効です。

私には4歳の娘がいますが、もう普通に会話ができます。時には大人顔負けの発言をして、まわりをびっくりさせます。

先日、妻が娘に「今、誰か好きな男の子いるの?」と尋ねると、「(保育園のクラスメイトの)Tくん!」との答え。「先生からTくんはNちゃんが好きだって聞いたよー」と妻が答えると、「知ってるよ!」との元気いっぱいの答え。「好きな子がいても気にせず好きなのか!」と妻と一緒に思わず笑ってしまいました。

そんな娘から、まだ「めんどくさい」という言葉を聞いたことがありません。

また、「~しなきゃ」という発言もありません。まだそうした概念がないのだと思います。うらやましいですね。

いったい、**私たちはいつから、「～しなきゃ」と思うようになったのでしょうか。**

学校に行くようになって、集団生活をするようになると、「～してはいけない」とか、「～しなければいけない」といったことを、親や先生からよく言われるようになります。それは、集団生活を円滑に送っていく上では必要なことかもしれませんが、そのせいで、大人になってからも、精神的にがんじがらめになっている人が多いのが現実です。

会社員の中で、「今の仕事をしなければならない」と思っている人は、どれぐらいいるでしょうか？　おそらく、かなりの人がそう思っていますよね。ですが、本当の意味でそれは真実でしょうか？

日本は独裁国家ではありません。仕事も住む場所も、一緒に住む相手を選ぶ自由も保証されています。会社員の人は、自分が望んで今の会社に入社したわけです。採用面接でも、志望動機として「その仕事をしたい理由」を話したのであって、「その仕事をしなければならない理由」を話していませんよね。

誰でも入社したころは、どちらかというと、「その仕事をしなければならない」というよりも、「その仕事をしたい」という気持ちを持っていたのではないでしょうか。それが、いつの間にか、仕事が義務のように感じられるようになって、「仕事をしなければならない」と思うようになってしまったのです。

そういう意味では、**あなたが今「～しなきゃ」と思っていることは、すべてあなたの頭の中の幻想**です。実際、この世の中には、「しなきゃいけないこと」など存在しません。あなたがそう思い込んでいるだけです。

実際に仕事を変えるかどうかは別として、もし今の仕事に対する認識が変われば、人生はどれだけ変わるでしょうか？

「しなければならない」と思っていた仕事が、「したい」仕事に変わったとしたら、毎日の気分は確実に変わるでしょうし、それによって、毎日の経験が充実したものになるでしょう。

実際、会社員で卓越した成果を出している人の多くは、仕事を「義務」としてではなく、「権利」としてとらえ、情熱的に仕事に取り組んでいます。

私が以前、マイクロソフトで働いていたときには、職場のグチをいっさい聞いたことがありません。みんな、自分の仕事に誇りを持ち、ユーモアにあふれ、自然体でひょうひょうと質の高い仕事をしていました。

ぜひ、子どものころの自由な心を取り戻しましょう。自由な発想が得られると、選択肢が増えて、目の前の行き詰まり感が自然となくなります。

「やらなきゃ」の2つの置き換え――ステップ②

ここで、「やらなきゃ」と思わなくなるための、便利なツールをご紹介します。

それは、「やらなきゃ」の2つの置き換えです。

「〜やらなきゃ」を「〜する必要はない」に置き換え、その理由を挙げます。

そのあと、「〜やらなきゃ」を「〜やりたい」に置き換え、その理由を挙げます。

置き換えやすくするために、まずは「〜しなきゃ」と思ったことを書いてください。

具体例を挙げましょう。

ある主婦が、「料理の献立を考えるのがめんどくさい」と思っているとしましょう。

旦那さんに何が良いか聞いても、「何でもいい」と言われるので、自分で考えなくてはなりません。

そのときは、「料理の献立を考えなきゃ」と思いますよね。

そこでまず、「料理の献立を考えなきゃ」を「料理の献立を考える必要はない」と置き換えます。置き換えに慣れるまでは、違和感を覚えるかもしれませんが、とりあえず型に沿ってやってみてください。

次に、「料理の献立を考える必要はない」と紙に書き出し、声に出してみてください。慣れてきたら、声に出さずに心の中でつぶやいてもかまいません。

そして、**「その理由は？」と声に出して、自分に尋ねます。思いつくままに答えを書いてみましょう。**

たとえば、「毎日の献立を提案してくれるサービスを使えばいい」とか、「外食でも死ぬわけではない」「レシピ本を適当にペラペラめくって、指がとまったページの料理に決めよう」「友達に今晩どうするのか聞いてみよう」などが挙がってくるかもしれません。そうすると、必ずしも自分で考える必要がないことがわかります。

それでは、２つ目の置き換えです。

「料理の献立を考えなきゃ」を「料理の献立を考えたい」に書き換えて、声に出してみてください。

そして、「その理由は？」と声に出して、自分に尋ねます。思いつくままに答えを書き出してみましょう。

もし、**理由が思いつかない場合、**「わかるとしたら？」とさらに突っ込んで質問すると、答えが出てくるケースが多いでしょう。

「できる妻として夫に認められたい」とか、「自分の好きなものを食べたい」「家族の健康を自分が維持しているんだという自信を持ちたい」「家族に喜んでもらいたい」などが挙げられるかもしれません。

思い出してみてください。「やらなきゃ」という考えはすべて幻想です。

実際には、**私たちの生活で、「やらなきゃいけないこと」なんて存在しません。**それにもかかわらず、「やらなきゃ」という幻想にしがみついていると、苦しいのです。

人生を変えるには、自分の選択を変えることが大切です。自分の選択は、自分の認識が変われば、自然と変わります。

この置き換えにより、自分の認識がより自由になり、選択肢が増えて、気分がラクになります。

すると、自然と「やらなきゃ」という考えが浮かんでこなくなってきて、「めんどくさい」という気持ちを感じないようになります。

この置き換えに抵抗を感じる人はきっといると思いますが、その抵抗を外すと、とてもラクになりますので、ぜひ何度も練習してみてください。

第3章

「行動するのが、めんどくさい」を消す技術

「めんどくさい」を引き起こす5つの考え

「めんどくさい」がなくなる4つの原則の3つ目は、「やらなきゃ」と思っても、いろいろと考えないようにすることでした。

そのためには、「行動するのがめんどくさい」を引き起こす5つの考えを知っておくといいでしょう。

考えることは良いことだ——「めんどくさい」を引き起こす考え①

めんどくさいを引き起こす5つの考えの1つ目は、「考えるのは良いことだ」ということです。

一般的に、「考えるのは良いことだ」と思っている人は多いでしょう。しかし、そうした常識が正しいとは限りません。

ある研究結果によれば、**人は1日に約6万回考える**そうです。そのうち**95%は前日**

または前々日と同じことを考え、80％はネガティブな考えだと言います。

さらに心理学で、**「ネガティビティ・バイアス」**という言葉があります。これは、人はポジティブなことよりも、ネガティブなことのほうが、強烈に記憶に残りやすいことを示した言葉です。

1日に10回ほめられても、1回けなされたら、人は1回けなされたほうが強く記憶に残るわけです。すると、人は考えるたびに、ネガティブで強烈な記憶がどんどん蓄積されていることになります。

それでも、「考えることは良いことだ」と言えるでしょうか？

考えすぎる人ほど、「めんどくさい」が湧き出る

一方、学校の試験や仕事において、考える力の強い人間が勝利をおさめているのもまた事実です。

それについては、**「なんとなくの思考」**と**「意識的な思考」**を区別する必要があります。紙やパソコンに自分の考えを書きながら、思考を深めたり、考えをまとめるのは

確かに良いことです。しかし、それは、思考全体の一部です。

実際、私たちの生活の大部分で経験するのは、「なんとなくの思考」です。たとえば、「お腹がすいた」とか「あっ、あれやり忘れた」とか、「あーあ、朝から上司に怒られるなんてついてないよ」などの考えのことです。

こうした考えは、私たちが意識的に考えようと思って考えているわけではありません。むしろ、雲のように、私たちの頭の中に、考えのほうがやってくるのです。

そうした考えのほとんどはネガティブなものであり、それが大量にやってくるのですから、脳は毎日相当なストレスを受け、その回復のために膨大なエネルギーが消費されています。

ですから、私たちのエネルギーは、毎日を生きることで精一杯となり、何か新しいことをやろうとしても、「めんどくさい」という気持ちが強くなって、行動できなくなってしまいます。疲れているときは、何もする気が起きませんよね。

また、何か新しいことをする前は、いろいろ考えすぎてしまい、よりめんどくさくなって、行動できなくなります。

仕事で1カ月後にプレゼンテーションをすることに決まったとしましょう。めったにプレゼンテーションをしたことのない人にとっては、その準備のことを考えると、とてもゆううつになるでしょう。

プレゼンテーションをするためには、まずパワーポイントの使い方を勉強する必要があります。それから、流れを考え、「効果的なアニメーションや画像も盛り込まなきゃいけない。そうした画像をどうやって集めればいいのだ、画像の加工の仕方など知らないぞ」などと、考えれば考えるほどめんどくさくなって、ついつい先延ばししてしまうのです。

このように、**行動力が低い人は、ほとんどの場合、事前に考えすぎる傾向**があります。

一方、**行動力のある人は、あまり考えずにとりあえず動きながら、体で覚えていきます。**

私も元々考えすぎるタイプでした。ですから、行動力を上げるためには、「考えない力」を身に付ける必要がありました。

現代は情報過多の時代のため、考えすぎるタイプの人が多くなっています。そのため、考えない力の習得がますます必要です。

「考えない力」の鍛え方——行動心理メソッド「ネーミング・ウォーク」

では、「考えない力」を鍛えるには、どうすればいいのでしょうか。

考えないようにしようと思っても、その瞬間にはすでに何かを考えています。

試しに10分間、何も考えないようにしようとしてみてください。おそらく、1分も経たずに、何らかの考えが浮かんでくることでしょう。

それだけ、私たちは考えている状態に慣れているので、考えないようにすることが難しいのです。

頭を空っぽにするための一般的な方法は「瞑想《めいそう》」です。ただ、瞑想に対して抵抗を感じる人もいるでしょう。

そこで、この本では、より手軽で簡単に、瞑想と同じような効果が得られる方法を1つご紹介します。

それを、私は**「ネーミング・ウォーク」**と呼んでいます。

ネーミングとは、「名前を付ける」という意味です。ウォークは、「歩く」という意味です。

1人で歩いているときに、**ふと目にしたものに1つの単語で名前を付けます。**どんな名前を付けるかは自由です。

たとえば、歩いていて、電柱を見つけたら、そのまま「電柱」と名付けてもいいし、「タワー」と名付けてもいいし、「ポペ」などという意味のない名前を付けてもかまいません。歩いていて、また電柱が目に入ったら、同じ名前を付けても、違う名前を付けてもかまいません。

ただし、**2つ以上の単語を使ってはいけません。**

たとえば、「きれいな電柱」だと2語になるので、こうした名前は付けないでください。

そして、あまり神経質に、目にしたものすべてに名前を付けようとしないでください。リラックスしながら、なんとなく視界に入ったものに、適度に名前を付ければいいのです。

また、「ネーミング・ウォーク」を行なっている最中は、沈黙の状態を保ってください。**誰かと話しながら行なうことは、しないでください。**

1つ注意点があります。それは、**「あなたにとって特別な意味を持つ名前は付けないようにする」**ということです。

たとえば、思い浮かべるだけでも腹が立つ人の名前を付けると、その人に対する考えが次から次へと浮かんできてしまうので、頭を空っぽにすることができなくなってしまいます。ですから、自分にとってたいした意味のない名前を付けるようにしてください。

実際にやってみるとわかると思いますが、1つの単語で名前を付けることをやっていると、考えが浮かんでこなくなります。そして、何か考えが浮かんできても、すぐに消えてしまうので、考え続けなくなります。

すると、**頭が空っぽになり、深いリラックス効果が得られます。**「ネーミング・ウォーク」後は、めんどくさい気持ちもなくなり、自然とラクに行動できるようになります。

会社員であれば、通勤途上で歩いているときにやってみると、「仕事がめんどくさい」という気持ちがなくなるはずです。

主婦であれば、買い物の行き帰りのときなどにやるといいでしょう。

もちろん、健康のために朝の散歩をしている人は、その時間がベストです。

とにかく、私たちは放っておくと、1日中考え続けて脳を疲れさせてしまうので、**意識的に脳を空っぽにして休ませる**ことをしてあげないと、ストレスにやられてしまいます。その結果、夢や目標を実現するエネルギーが失われ、毎日をなんとか過ごすだけの日々になってしまうのです。

効率的にやりたい――「めんどくさい」を引き起こす考え②

めんどくさいを引き起こす5つの考えの2つ目は、「効率的にやりたい」です。

では、「効率的にやりたい」と思うことの何がいけないのでしょうか？

一般的には、勉強でも仕事でも効率的にやる人のほうが、高く評価されますよね。

でも、夢や目標に向かった行動や、普段やっていないことをやろうとする場合、効率的にやりたいという考えは、逆効果となります。

「効率的にやりたい」という考えがあると、行動する前に、なるべく多くの情報を集めてからでないと行動できないと思ってしまうからです。

そうやって集めた情報のせいでかえって混乱して、行動できなくなってしまうのです。

英語学習を始めたいと思っている人がいるとしましょう。この人は、効率的にやりたいと思っているので、まずどんな学習法があるかを調べるでしょう。

書籍やネットでさまざまな英語学習法を学ぶと、だんだんと混乱してきます。それは、いろいろな人がそれぞれの考えを伝えていますが、矛盾していることが多いからです。

ある成功者は「辞書をフル活用した」と言っているが、別の成功者は「辞書をいっさい使うな」と言っています。

また、リスニング力アップのためには、「発音の練習が大事だ」と言う人もいれば、「発音なんて練習する必要がない」と言う人もいます。

その人には、どちらが正しいのか判断基準がありません。実際、どちらもそれぞれの成功者にとっては正しいやり方だったと言えます。結果的に、その成功者たちは自分のやり方で成功したわけですから。

しかし、どちらのやり方が自分に合っているかは、実際にやってみないとわかりません。**やり方で悩んで何もしないくらいなら、とりあえずやってみればいい**のです。

どちらのやり方にしろ、やったぶんだけ英語力がつくのは間違いないのですから。

「効率性」より「継続性」を重視する

でも、**人はなるべくラクをして身に付けたいと思う生き物**です。ラクをしようとすることと自体は悪いことではありません。実際、私もなるべくラクをしようとする人間の1人です。

問題はそのやり方です。

たとえば、私自身、英語は大嫌いで苦手だったので、なるべく英語が必要ない大学に進学しました。当時は英語で自己紹介ですら、ろくにできませんでした。他の人が英語で話してもまったくわかりません。ニヤニヤ笑うことしかできませんでした。

でも、漠然と「英語ができたら、かっこいいのになあ」という気持ちは持っていました。

そんなときに、たまたま、英語トレーニングのエキスパートである千田潤一先生というメンターに出会いました。メンターから教わった内容は、まさに目からウロコで、自分は英語が大嫌いで苦手だけど、もしかしたらこんな私でも英語ができるようになるかもしれないと思いました。そして、メンターの教えをもとに英語学習を始め、英会話スクールにも行かず、海外にも行かず、ＴＯＥＩＣのスコアを３００点台から９４５点まで独学で伸ばしました。

そのおかげでマイクロソフトに転職したり、翻訳の仕事をするなど、英語は自分の人生を切り開く上でとても役に立ちました。英語上達にお金は極力使いませんでした。だいたい１５００円くらいのＣＤ付き教材を本屋で買って、それを３カ月から半年くらいやると、ＴＯＥＩＣの点数が80点くらい上がるという感じです。

私はメンターの教えどおり、自分の英語学習時間を記録しました。英語力は、階段状に伸びていきました。

次ページの図を見てください。

横軸が学習時間、縦軸がＴＯＥＩＣの点数です。私は最初３８０点でした。ＴＯＥＩＣは、誤差が50点くらいあるそうです。ですから、50点以上スコアが上がらないと、英語力が上がったということにはなりません。だいたい２００~３００時間かけると、

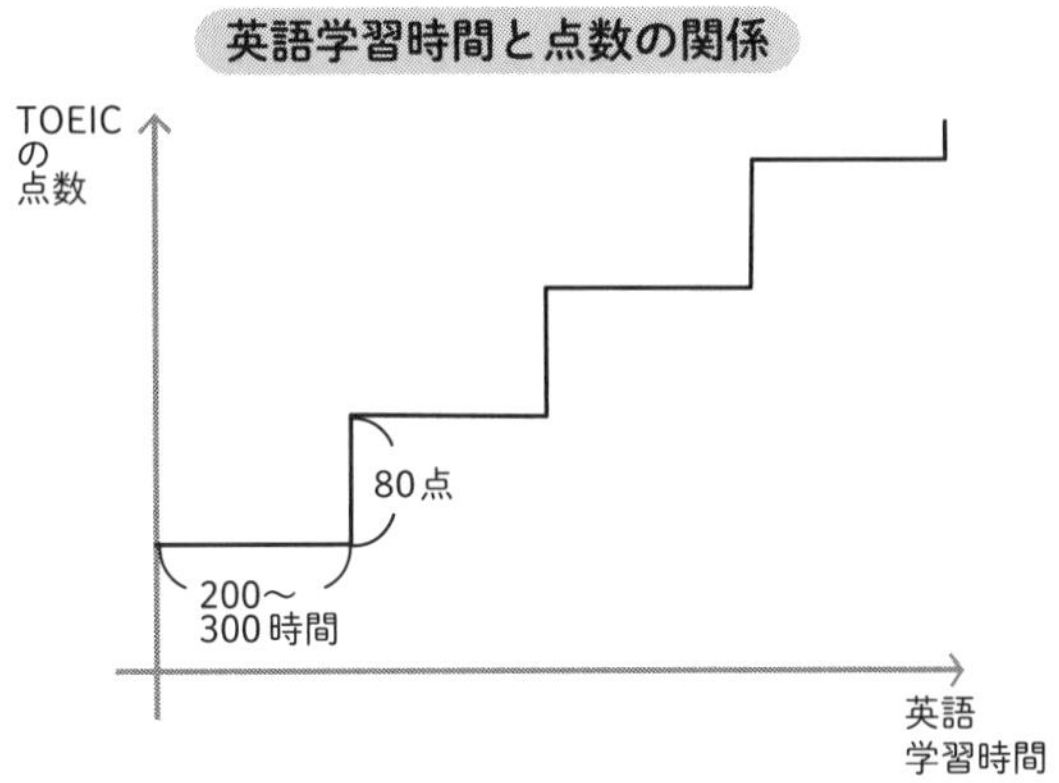

80点上がりました。

メンターが教えてくれた「**これだけ時間をかけたらこれだけ上がりますよ**」という多数の実証データをもとに、実践しただけです。

多くの人がこのパターンで英語力を伸ばしています。私も同様のやり方で945点まで伸ばしました。

多くの人は、英語の勉強を途中でやめてしまいます。英語力の伸びを全然感じない50時間、100時間くらいで、もっと効率的なやり方はないかと探し始めるのです。

この教材はダメだということで、別の高額教材に手を出して、うまくいかない。そして、また別の教材に手を出します。英会話スクールに通ったりもします。私は、英会話スクールに行っていません。留学もしていないし、海外での生活の経験もありません。1500円の教材で3カ月学習したら50点以上アップするのです。それを繰り返しただけです。

多くの人は、学習しても英語力の伸びがまったく感じられない期間が耐えられません。やればやっただけ英語力の伸びが感じられればいいのですが、そういうふうにはできていません。

英語に限らずスキル系のものはほとんど、先ほどの図のように階段状に成長します。時間をかけていると、しばらく成長を感じられない期間が続いて、ある日突然グッと伸びます。そのときは、「あれ、前より英語が聞き取れるようになった」「あれ、いつの間にか英語が口から出ている」という明らかな変化を体験します。そうしたときにTOEICを受けると、50点以上UPしています。

効率的にやろうと思っている人は、こういうことはしません。

効率的にやりたいと思っている人は、いかに短期間に英語力を上げられるかばかりを考えています。私自身はTOEIC300点台から800点を超えるまでに3年かかりませんでしたから、割と早いほうです。英語は、流し聞きという非効率的なやり方でも、3年かければ、英語ができない300点台から、英語ができると転職でアピールできるスコア、800点を超えることが可能なのです。

大事なのは、効率性よりも継続のしやすさなのです。

英語が大嫌いで苦手な人間が、工夫1つで英語ができるようになります。継続のしやすさがポイントなのです。変化を経験するのにかかる目安である200~300時間はすごく長く感じるかもしれませんが、実はあっという間です。自宅から会社への往復でだいたい2~3時間稼げますから。移動時間や家でボーッとしている時間、睡眠時間などの細切れ時間を合わせれば余裕です。家にいるときは、バックグラウンドミュージックとして、いつも英語を流していました。本気でやっていたときは、お風呂に防水ラジオを置いて、英語を流していたこともあります。

その時間は、普通は無駄にしている空き時間です。それを有効活用しただけなのです。そして、それが単に、習慣化されているかどうかです。

これだったら、自分でも継続できると思いました。英語が苦手で大嫌いでも、英語を耳に入れるだけならできると思ったのです。

もちろん、単なる流し聞きを2000時間やっただけでは聞き取れるようになりません。実際、スワヒリ語を2000時間聞いても、スワヒリ語を聞き取れるようにはなりません。

ポイントは、「意味のわからない英語をどれだけ聞いても聞き取れるようにはならないけれど、意味がわかる英語を流し聞きすることは、一定の効果がある」ということです。それは、すごく効率的というわけではありません。しかし、継続はとてもしやすいのです。

できるだけ簡単なことから始める

教材は、内容がわかる簡単なものを使います。私がTOEIC800点台のときに、900点を超えるために使った書籍のタイトルは、『TOEICテストへはじめて挑戦！　まずは350点』というものでした。

意外ですよね。多くの人は、これと逆のことをやるわけです。TOEIC600点以下の人が、TOEIC目指せ800点とか900点といった教材を使うのです。これは、まったくの逆効果です。

英語、特にコミュニケーションの英語は、簡単な英語をいかに使いこなせるかで決まります。TOEICの英語も90％以上が中学校の教科書に出てくる英単語ですから、勉強ではなくて、トレーニング。「体に英語を刷り込む」ということを徹底的にやるだけです。

これなら、続けられます。机の前に向かって2〜3時間勉強するのは、自分には絶対無理だと思いました。英語が大嫌いでしたから。

しかし、内容が非常に簡単なものを「とりあえず耳に入れる」というように、継続のしやすさを重視することで、結果的に英語ができるようになりました。

何事も続けた人が最終的に力が付くのは、道理ですよね。

最も効率的な「見切り発車」のススメ

効率的にやろうと思うことの何が一番悪いのか？

途中でやめる可能性がきわめて高いということなのです。

効率的にやろうとすることほど、非効率的なことはありません。それよりも、継続のしやすさのほうが大切です。見切り発車が、結果的に最も効率が良いのです。私のメンターが提唱している英語学習法は、効率性からすると魅力的に映らない人がいるかもしれません。

他の教材の「もっと短期間でこれだけ点数が上がりました」という方法のほうが良く見えるかもしれません。

しかし、それでは続かない人だらけなのです。みんな効率性を重視しようとします。これがダメだったらあの教材。これがダメだったら英会話学校。皆それでうまくいかないのです。

英語上達には時間がかかります。じっくり、無意識に体に刷り込まないと使えるレベルにならないからです。

ある程度の効率的なやり方が見つかったら、まずは始めること。最初に1~2冊、本を読んだら、それを信じてやってみようと行動した人が結果を出すのです。

もっと効率的な方法を求めて、次から次へ、本や教材を替える人は、結局行動できずに、力は付かないのです。

とりあえず見切り発車し、やっていく中で、いろいろな気づきを得て、効率性を高めていくことが、結局最も効率的なやり方と言えます。それが自分にとって一番ラクに結果を出せる方法なのです。

最初から良い結果を出したい――「めんどくさい」を引き起こす考え③

めんどくさいを引き起こす5つの考えの3つ目は、「最初から良い結果を出したい」です。


どうせ始めるからには、最初から良い結果を出したいと、誰もが思うでしょう。

どうせネットオークションに出品するんだったら、売れるようになりたい。

どうせ英語学習を始めるんだったら、できるようになりたい。

どうせブログを書くんだったら、人気ブログにしたい。

しかし、それだと、行動するためのハードルが一気に上がってしまい、行動を起こせません。

「最初から良い結果を出したい」という人に対して、私は、**「まず失敗を目指してください」**と言っています。

以前、「インターネットのオークションサイトで商品を売って稼ぎたい」と言う人の相談に乗ったことがあります。その人は、ネットで稼ぎたいという気持ちがありましたが、実際、ネットで商品を販売しようとすると、めんどくさいと感じて行動に移せませんでした。

こうした人は、次のようなことを考えます。

やるなら、絶対売りたい。売るためには、コピーライティング、文章が大事だ。コピーライティングを学ぼう。そして、次に写真。写真を撮るには今の家は散らかりすぎている。まずはそこを片付けるところから始めよう。それから照明。照明器具とか専門器具が必要なんじゃないの？　普通に撮ったら売れないんじゃないの？　それでインターネットで照明の器具を探し始めます。

そんなことをやっていたら、いつの間にか「あんまりやる気が湧かないな。もう疲れたから、明日でいいや」と考えるようになって、結局、行動しなくなるのです。

ネットオークションに限らず、皆さんもこのような経験はありませんか？

私にも経験があります。結局、**何事も、初めてやるときというのは、一番大きなエネルギーが必要**なのです。

よく自己啓発の本に、「自転車は漕《こ》ぎ始めるときに、一番大きなエネルギーが必要」と書いてありますよね。最初から良い結果を出そうと思っていたら、それは、非現実的なのです。そう思っただけで、行動できなくなってしまいます。

「質」より「スピード」を重視する

私は、その相談者に、わざと失敗してもらうように、オークションサイトに登録して出品してもらいました。

「説明文も『これはバッグです』とひと言だけ書けばいいのです。写真も掲載しません。とにかく、誰からも絶対に購入されないように出品してください」とお伝えしました。

すると、その人は心が軽くなり、あっという間に出品することができました。

もちろん、商品は売れませんでしたが、その後少しずつ改良を重ね、今では、ネットでバリバリ稼ぐようになっています。

誰でも最初の一歩が一番大変ですからね。そこさえ乗り切れば、あとはなんとかなるものです。

最初は、質よりもスピードを重視することが大切です。やっていくうちに、質は自然と上がっていきます。

選択肢は多いほうがいい――「めんどくさい」を引き起こす考え④

めんどくさいを引き起こす5つの考えの4つ目は、「選択肢は多いほうがいい」です。

では、選択肢が多いことの何がいけないのでしょうか?

一般的には、選択肢が多いほうが成功するチャンスが広がると思われがちです。

しかし、**人は、選択肢が多いと行動しづらくなる**のです。

買い物で、数種類のラインナップの商品と、数十種類のラインナップの商品とを比較した場合、種類が少ない商品のほうがはるかに売れやすいという研究結果があります。

また、何でもそれなりにできるという器用貧乏の人は、いろいろなことができる反面、どれか1つに絞ることができないので、やりたいことがわからないという悩みを抱えていることが多いです。

また、ノウハウコレクターと呼ばれる人たちは、たくさんのセミナーに参加したり、多くの教材を買っても、実際の行動につながっておらず、頭でっかちになってしまっています。

このように、人は選択肢が多いと、行動しづらくなるのです。

そうはいっても、選択肢が少ないと不安ですよね。

行動する前にまったく情報収集をしないのはどうかと思いますが、ある程度情報を集めた段階で、行動に移すことが大切です。

行動する前に、集めていい情報、集めてはいけない情報

どんな情報を集めればよいかというと、それは、**「今すぐ行動につながりそうな情報」だけをなるべく集める**ようにするのです。

「今すぐは行動しないことはわかっているけれど、将来役に立つかもしれない」と思

っているような情報は集めてはいけません。

どうせその情報を活かそうとするころには、すでに古くて使えないものになっているることでしょう。

ですから、今すぐ行動につながりそうな本だけを読むようにします。今すぐ行動につながりそうなセミナーだけに参加するのです。

「そのうち役に立つかも」と思って情報収集することはやめてください。

また、テレビのニュースなど、**今すぐ行動につながらなそうな情報は、人生から排除する**ことが大切です。

でも、ニュースを見ないと、なんとなく世間についていけなくなる気がするという人もいます。

私も昔はそう思っていました。しかし、実際、テレビでニュースを見ることの弊害に気づいてからは、テレビでニュースを見ることはほとんどなくなりました。インターネット上のニュースをヘッドラインだけ見て、興味を持ったら記事を深く読めば、十分世の中の流れについていけます。

多くの人にとって、テレビでニュースを見ることは悪いことです。

なぜなら、私たちが五感を通じて脳にインプットしたものが、私たちの思考や感情に影響を与えているからです。

テレビでニュースを見て、怒ったり、不快な気分を感じる人は多いです。自分とは関係のないどこかの企業が不祥事を起こしたとか、自分がたいして興味のない芸能人が離婚したとか、どこかの土地をめぐって国家間が対立しているといったことばかりが五感に入ってきます。そのために、「なぜ、あいつはあんな行動をとったんだ」「世の中にはひどい奴がいるよ」などと言って腹を立てたり、気分を害しています。

実際、ニュースのほとんどがネガティブな情報です。今日、何人産まれましたとか、何組結婚しましたとか、そうした幸せな情報を流したほうがいいのではと個人的には思いますが、そうなることはありません。

ネガティブな情報に接すれば接するほど、ネガティブな考えや感情が生じやすくなります。

つまり、ついネガティブに考えてしまう人は、ネガティブな情報を収集しているからと言えます。もちろん、それだけが原因ではありませんが、かなり大きな影響を与えていると言えます。

できなかったら、それは私の意志が弱いから

——「めんどくさい」を引き起こす考え⑤

めんどくさいを引き起こす5つの考えの最後は、「できなかったら、それは私の意志が弱いから」です。

何か行動を継続できなかったら、つい自分の意志が弱いと思ってしまうのは、人情というものです。実際、「自分の意志が弱いから」としか思えない人がいることも理解できます。

しかし、「意志の力」はほとんど関係ありません。夢や目標の実現に向かって進んでいるとき、**最初は誰でもできなくて当たり前**だからです。

誰でもなかなか思ったように行動できなかったり、横道にそれたり、時には後退してしまうことがあるものですし、それは当たり前のことです。

そして、まったく進んでいないように思えるようなときでも、長い目で見れば順調

と言えます。

たとえば、私は講演家になる前、講演家になることをとても恐れていました。「こんな自分が人前に立って話すなんてありえない」と思っていました。

ワクワクとドキドキは、ほとんどの場合、セットです。心からやりたいことには、恐怖や不安がつきものです。

逆に、恐怖や不安がまったくないことには、ワクワクしません。ラクですが、退屈です。

そのことに気づいていたので、ある日、講演家としてデビューするために、とうとうセミナー用の会議室を予約しました。それは、私にとっては大きな一歩でした。

しかし、その後、セミナーの募集を開始しようとしたのですが、どうしてもできず、結局、その会議室は無駄になってしまいました。

その数カ月後、重い腰を上げて、またセミナー用の会議室を予約しました。しかし、その後も結局募集できず、また会議室が無駄になりました。

そして、そのまた数カ月後、また会議室を予約しました。今度は、ドキドキしながら、なんとかFacebookでまわりの友達に少しだけ告知することができました。その結果、数名が申し込んできたので、セミナーをキャンセルすることはできなくなりました。

結局、最初は参加者5名で講演家デビューを果たし、その後は1年も経たずして、数百名規模のセミナーを数カ月おきに開催するまでになりました。

今では、人前で講演することは、私にとって楽しくて仕方がありません。自分の天職だと思っています。

つまり、長い目で見れば、講演家デビュー前に、怖くて足を踏み出せなかったことも無駄ではなく、順調なプロセスだったと言えます。

途中で歩みを止めたり、横道にそれたり、後退するのは当たり前なのです。

でも、あきらめてはいけません。あきらめずに続けていれば、すべてが順調に運ぶのです。

第4章

「行動するのが、めんどくさい」をなくす10の工夫

心理的な抵抗を減らすテクニック

「めんどくさい」をなくす4つ目の原則は、「工夫をして、とにかく行動する」でした。行動し始めれば、「めんどくさい」という感情は薄れます。

この章では、具体的に、行動し始めるための10の工夫についてお話ししていきます。

何かを新しく始めるときや、まだ習慣化されていないことを行なう際には、最初のうちは心理的な抵抗が大きいでしょう。特に、最初の一歩はすごく重たいものです。

ですから、最初の一歩を踏み出して、**心理的な抵抗を極力減らして続けられるようにするための工夫**が必要です。そのために効果的な心理テクニックを活用していきます。

初期状態維持の法則――行動し始めるための工夫①

1つ目の工夫は、「初期状態維持の法則」です。

携帯電話やスマホを新しくショップで契約するときに、何か訳のわからない数百円のオプションプランに加入を勧められた経験があるでしょう。

「とりあえずこれに入らないと、この格安プランで契約できませんので」という案内を受けて、皆さん加入します。

こうした数百円のオプションプランは、多くの人にとって不要です。自分にとっては必要ないけれど、でも加入しないとお得なプランに入れないからと、皆さん加入するわけです。

「後日いつでも解約できますから」と店員さんはそのとき説明するのですが、契約した人のほとんどが解約しません。必要としていないサービスに対して、数百円を毎月払い続けています。

人は、初期状態を維持したがるのです。初期状態を変えるのには、ものすごく心理的な抵抗があります。

この法則をうまく使えば、スムーズに行動し始めることができます。

たとえば、朝早起きしてランニングすることを習慣化したいときに、この法則を活用することができます。

まず前日にランニングウェアを着ます。靴下も履いておきます。新品の靴は前日のうちに履いておくか、それだと、どうしても寝られないという人は、枕の横に置いておくのです。

朝起きたら、あとは玄関へ行くだけという状態にしておくのがポイントです。つまり、ランニングするための初期状態を前日にセットしておくということです。

次の2つ目の工夫と併用すると、より効果的です。

小さく始める——行動し始めるための工夫②

2つ目の工夫は、小さく始めることです。**最初は、アクションステップは小さく、目標も小さく**します。

最終的な目標は、マラソンで優勝することかもしれないし、健康な体を手に入れることかもしれません。

そうした目標を達成するための最初のステップは、まず玄関に行くことです。

夜寝る前に、ランニングウェアを着た。靴下も履いた。「明日は玄関に行くぞ」と、玄関に行くことだけを決めます。起きたら、何も考えることなく玄関に行くと決めるのです。

先にもお伝えしたとおり、人は考えれば考えるほど、めんどくさいと感じます。

朝起きて具体的に行なう最初の行動をあらかじめ決めておかなかったら、どうなるでしょうか？

朝起きます。「眠いけれど、走ると決めたからな。あれ、ウェアどこだっけ？　タンスのどこにしまったっけ？」

ウェアを探し回ります。

「そういえば、靴。靴はどこにあったかな。あ、箱から取り出さなきゃ。なんかもういろいろ考えたらめんどくさくなってきちゃったな」

と布団に戻ることになってしまうわけです。

先ほど、「考えない力」が大切だとお伝えしましたが、**最初に決めておけば、考えなくて済む**のです。

起きたら何をやるかをあらかじめ決めておけばいいのです。「初期状態維持の法則」とセットで使うと、ほとんどの行動ができます。そしてそれを続ければ、習慣化できます。

毎日少しずつ目標を大きくする

毎日少しずつ目標を大きくしていきます。次の日はどうするか。玄関の外に出ることを目標にします。靴は玄関に置いておきます。ちょっと汚れていますから、履いたまま寝るのはきついので、玄関に置きます。このようにして、**潜在意識を少しずつ慣らしていく**のです。

3日目は、マンションの下に行くことを目標にします。実際、そうした小さいステップを目標にしたとしても、玄関まで行って終わるのではなく、ついでに、玄関を開けて散歩くらいするかもしれません。

それは、それでOKです。

でも、最初から散歩するまでを目標にすると、やることが多すぎてもうダメだとなって寝てしまうのです。

そうではなくて、自分の目標というのは、マンションの下に行くことなのです。そこから先はボーナスだと考えてください。そこから先は、ボーナスを自分へあげるようなものなのです。

やれるだけ、やりたいだけやりましょう。

ただし、**最初から飛ばしすぎないように気をつけて**ください。初日から1時間以上走るようなことをすると、心身ともに大きな負荷がかかって、行動が続かなくなります。

初日は玄関、次の日は玄関の外、次の日はマンションの下、その次は1分歩く……というように、少しずつ、時間を延ばすか、距離を延ばしていきます。そうすると、自然に行動が習慣化していきます。

インテンション（意図）をセットする——行動し始めるための工夫③

3つ目の工夫は、インテンション（意図）をセットすることです。

インテンション（意図）とは、望む結果のことを指します。

私のメンターであるジャネット・アットウッドは、このインテンション（意図）の達人です。

以前、私とジャネットを含めた4人でドライブをしました。ジャネットがお寿司を食べたいと言うので、築地を走っていたのですが、とても人が多くて、かなり混んでいたのです。どの寿司屋にも行列ができていて、とても入れそうにありません。

そこで私は、ジャネットに「結構混んでいるから、築地近辺よりはちょっと離れた寿司屋に行ったほうがいい」と言いました。すると、ジャネットは「NO！」と言って、「築地の寿司屋に行く。大丈夫。絶対大丈夫。この4人が座れる席は絶対にあると、インテンション（意図）をセットしましょう」と言ったのです。

ジャネットに言われたとおり、皆でインテンション（意図）をセットしました。具体的には、「私たち4人の席が空いているお店にスムーズに入って、本当においしいお寿司を食べることができる」と頭で考えたのです。

どこの駐車場もいっぱいだったのですが、車であちこち回って、なんとか築地近辺に駐車しました。駐車場から出てきて、ちょうど目の前にお寿司屋さんがありました。中をのぞいてみると、たまたま一番手前の席が空いていたのです。ぴったり4人用のテーブルです。驚いたことに、まったく並ぶことなく席について、おいしいお寿司を食べることができました。他の店を見ると、全部混んでいました。

その上、私たちが食べている間、そのお店の前には、長い行列ができていました。私たちがお店に入った一瞬だけ、4人掛けのテーブルが空いていたということなのです。これが、インテンション（意図）の力です。

「うまくいかないかも」を減らして、行動できる

インテンション（意図）をセットすると、「うまくいかないかも」という心理抵抗を減らして、行動できるようになります。

何をやるにしても、常にジャネットはインテンション（意図）をセットします。セミナーを行なう前やミーティングの前、どこか遊びに行くとき、その日ちょっとドライブするときなど、何でもそうです。

常に、そのとき**「自分が何を感じたいのか」「どういう体験をしたいのか」というのを明確にして、インテンション（意図）をセット**します。

そのようにすると、自然と行動できるようになり、望む現実が引き寄せられてきま

す。これが、物事を実現する達人のやり方です。

アクションリストにすでにやったことを入れる――行動し始めるための工夫④

4つ目の工夫は、「アクションリストにすでにやったことを入れる」ことです。これは、私がマイクロソフトで働いているときから使っている心理テクニックです。

先ほどから何度もお伝えしているとおり、最初の一歩が一番大きなエネルギーを必要とします。ということは、**最初の一歩でも、あたかもすでに数歩先に進んでいるような心理トリック**を使えば、スムーズにできます。

アクションリストとは、一般的によく使われている「その日に行なうこと」を箇条書きした、**毎日の行動リスト**です。たとえば、「○○さんに電話をする」「請求書を送付する」などと記入します。手帳に書いたり、付箋《ふせん》に書いて机に貼っている人が多いですね。パソコンで入力している人もいます。その日の朝や前日の夜に記入する人もいれば、一週間分をまとめて記入する人もいます。

たとえば、会社に出勤した直後、今日のアクションリストを書くときに、「出勤する」と記入し、チェックマークを入れるわけです。すると、もうすでに最初の一歩を踏んでいますから、その後のアクションがスムーズに進みます。

何かに取りかかる前に、前段階として何かをしていることはありませんか？　たとえば、英語の勉強をする前に、英語の教材を買うとか、どういう教材が良いか調べるとか、そういうのはすでにやっていて当たり前だから、あえてアクションリストに書かないということはありますよね。先ほどの、「出勤する」という例もそうです。

これからは、そういう**当たり前のこともアクションリストに書いてみてください。**書いてチェックマークを入れると、自分は数歩先に行っているから、そのあとの足取りが軽くなります。

「ダマされた」と思ってぜひ試してみてください。本当に効果があります。

人の助けを借りる。人を巻き込む——行動し始めるための工夫⑤

5つ目の工夫は、人の助けを借りること、または、人を巻き込むことです。

たとえば、私は洋服を買うのをめんどくさいと思ってしまいます。そういうときは、妻に一緒に来てもらいます。そうすると、スムーズに買えます。

自分1人でやったら何だかめんどくさいけれど、人と一緒だったらできてしまう。

こういうときに、**人を巻き込む**のです。

もしくは、**自分がやりたくないことを人にお願いしてやってもらいます。**

たとえば、私は会計や簿記には興味がないので、すべて税理士さんに丸投げしています。

ホームページ作りは、起業当初は自分でやっていましたが、デザイン性はイマイチでした。作業自体つまらないし、時間がかかって、なかなか進みませんでした。

その後、リーズナブルな価格で作成してくれる優秀なデザイナーを見つけて、お願いするようになってからは、ホームページ作りで悩むことがなくなりました。

自分にとってめんどくさいことは、人に助けを求めると、皆がハッピーになれるのです。

「めんどくさい」と思ったら、人の助けを借りられないかなと考えることをお勧めします。助けを借りるために、誠意やお金を使うという手もあるでしょう。もしくは、単純に、友達や家族を巻き込んで、一緒にやるようにお誘いするのも有効です。

自信を取り戻させてくれるものをまわりに置く——行動し始めるための工夫⑥

6つ目の工夫は、自信を取り戻させてくれるもの、自分を幸せにしてくれるものをまわりに置くことです。

私は、メールソフトの中に元気フォルダーを作っています。メールで誰かからほめられたり、ありがとうと感謝の言葉をもらったときは、そのメールを元気フォルダーに入れています。時々、元気フォルダーの中に溜まったメールを見て、ニヤニヤしています。

それから、自分が過去に書いたメルマガやブログの原稿を見て、1人でニヤニヤしています。よく妻に言われます。「あなた、自分大好きね」と。はい、そのとおりです！

他には、私はスマホで4歳の娘の動画や写真を見たりします。

とにかく**自分を幸せにしてくれる、自信を取り戻させてくれるものをいつでも見られる状態にしておく**のです。

そうすれば、自信につながります。元気が出ます。「自分はできる」「自分を認めてくれている人がいる」と自然と思えるようになります。

すると、恐怖心など、行動するための心理的な障害を乗り越えられるようになり、前に進もうという気になります。

好きなことと関連付ける——行動し始めるための工夫⑦

7つ目の工夫は、好きなことと関連付けることです。

たとえば、「掃除がめんどくさい」と言う人が掃除用のグッズを猫や犬などのキャラクターグッズに替えたのです。

すると、この人は楽しく掃除ができるようになりました。自分が好きなものと関連付けたら、自然と行動ができるようになるのです。

客観的な視点で、実際にやることを書き出す——行動し始めるための工夫⑧

8つ目の工夫は、客観的な視点で、実際にやることを書き出すことです。

私たち人間は、**新しく何かを始める前は、物事をより複雑なものだと考えがち**です。

新しくブログを作るとしましょう。ブログを作って、情報を発信していきたいと思ったときに、それに関連するいろいろなことを想像して、めんどくさくなります。

最初の投稿はどういう記事にしようか。ブログのタイトルをどうしようか。本名かニックネームのどちらにしようか。ニックネームでやるとしたらどんな名前にしようか。ブログの説明文をどうするか。どのブログを選択するか……などなど、考え出すと、もうめんどくさくなってしまうわけですね。

1個ブログを作ろうとしたときに、このようないろいろやるべきことが思い浮かんで、それに圧倒されてもう無理だとなってしまうのです。

そういうときは、**自分が客観的な事実よりも、大げさに考えていることが多い**ものです。

ですから、**やることを客観的に挙げていく**ことが大切です。

ブログで自分のメッセージを発信して、それによって集客につなげたいと思っているのであれば、まず集客につながるブログの作り方についての本を読みます。そこには、やり方が書いてありますよね。その本に書かれている具体的なステップを今度はアクションリストに挙げていくのです。

アクションリストには、もうすでに終わったことも書いてください。

先ほどお伝えした「アクションリストにすでにやったことを含める」という工夫と関連付けるとより効果的です。

本を読むことはすでに実行していますから、アクションリストに入れてチェックするのです。

すると、もうずいぶん先に進んでいるように感じられます。その上で、その本に書かれているアクションを書き出すと、客観的に見たら、「あ、もうこれだけなのね。

これだったら1時間あれば終わるな」と思うわけです。

これを客観的に見ずに、ただ単に頭の中で考えていると、漠然と「すごく長い時間がかかるのではないか」と思って、めんどくさくなります。ですから、実際にやることを書き出すことが大切なのです。

考えをすべて紙に書き出す——行動し始めるための工夫⑨

9つ目の工夫は、「考えをすべて紙に書き出す」ことです。このテクニックは、特定の場合に有効です。

以前、「ブログを書きたいけれど、書けない」と言う人がいました。どうしても書く内容が思いつかない。

その人に私がお伝えしたのは、「とにかく自分の考えをすべて書いてください」ということです。

「あー、ブログに書くことがない」と思ったら、「あー、ブログに書くことがない」と書くわけです。「あー、もうめんどくさい、やりたくないやりたくない、あー、もうダメだダメだダメだダメだ」と思ったら、ずっとそれを書くわけです。これをしばらく続けていると、「ブログのネタ何かないかな、ないかな、ないかな……。そういえば」となって、その人は書く内容を思いつきました。このやり方をしていると、書く内容が出てくるのです。

何か新しいクリエイティブなものを作ろうとしたときに、考えを書き出すと、自然と内容が出てきます。

最初の一歩はとても重たいので、そのために、人は書き出せないのです。「思いつかない限り、書き出せない」と思ってしまう。でも、思いつかないというのは、書けない理由になりません。**思いつかなくても、とりあえず書いてみてください。頭の中にあるものだったら何でもいいのです。**

すると、いつの間にか書けるようになります。何かが出てきます。

相談に来たその人は、こうしてブログを書けないというスランプから抜け出しました。

「どうやって楽しみながらやるか」を考える——行動し始めるための工夫⑩

どうやって楽しみながらやるかを考えると、今までお伝えした9個の工夫が思いつきます。

「何かめんどくさいな」「気分が乗らないな」と思ったときに、それを**どう楽しみながらやるか、どうやったら楽しめるか**と考えたら、自然と工夫すべきものは見つかります。

合言葉は「めんどくさいなら、工夫しなさい！」です。

第5章

「人間関係がめんどくさい」のメカニズムと対策

「人間関係のめんどくさい」がなくなったら…

「人間関係のめんどくさい」が解消できるようになると、夢や目標の実現をこれまで以上に引き寄せることができます。

それは、**夢や目標を実現しようとすると、人間関係が障害になる**ことが多いからです。

仕事において、「キャリアアップしていきたい」「出世したい」と思ったときに、人間関係は大事ですよね。人間関係がうまくいかない人や、「人間関係がめんどくさい」とすぐに思ってしまう人は、なかなか出世しづらいでしょう。「別に出世しなくてもいいいや」と、だんだん思ってしまうからです。

「給料が上がって、もっとやりがいのある仕事をしたい」と思っている人は多いはずです。

しかし、責任が増えれば増えるほど、めんどくさいことが増えるから、そしてそれと給料が見合わないから、「もういいいや」となるわけです。

起業においても同じです。

起業しようとしたら、

「他の人からどう見られるだろうか。家族が反対するのではないか。自分は嫌われるのではないか。自分は社会で孤立してしまうのではないか。うまくいかずに、人からバカにされるのではないか。そうなる可能性が少しでもあるのなら、やっぱり、無難な道を選んだほうがいい。会社員を続けていれば、社会的な信用は得られるし」

というような考えが浮かんで、「やっぱり自分は独立に向いていないな」と思ってしまうわけです。

本当にやりたいことが浮かんでも、それを打ち消す気持ちは、「人間関係がめんどくさい」という感情なのです。

それに対応できるようになると、自然とやりたいことが見えてきます。そして、日常がもっと楽しくなります。

どんなときに、人は「人間関係がめんどくさい」と感じるのか？

次のようなときには、人間関係がめんどくさいと感じませんか？

◎自分の言うことを相手が聞いてくれないとき
◎相手からいろんなことを要求されたり、自分が嫌なことをさせられるとき
◎何かを話したときに、相手から受け入れられないとき
◎仕事のあとの飲み会に出席しなければいけないとき
◎仕事で人に頼み事をしないといけないとき
◎こちらの要求を満たすために、根回しなどのプロセスを踏まなければいけないとき

これらに共通しているものは、**「相手に合わせようとして、自分がなんとなく無理をしている感じがある」**ということです。

人に何かをお願いする際に、たとえば、仲の良い友達に気軽なお願いをする場合は、気楽に頼めて、めんどくさいという感じにはならないはずです。

一方、そうではない場合、信頼関係ができていないときは、相手に受け入れられるように、自分は普段と違うことを何かやらなきゃいけないと思うわけです。

事前に言い回しを考えたり、相手を喜ばせるような手を使おうとすると、なんとなく自分が無理しているような感じがします。

すると、ストレスを感じ、めんどくさいと感じます。**自分本来のリラックスしている状態であれば、めんどくさいとは感じにくい**わけです。

家の中で、1人でごろごろしているときは、あまりめんどくさいと思わないですよね。

人と一緒にいるときは、相手と自分の価値観が違います。価値観が違えば違うほど、相手に合わせないと、相手を否定してしまうかもしれません。自分の考えを一方的に訴えると、相手との関係がぎくしゃくするから、相手の話題に興味がなくても興味があるふりをしたりします。もしくは、相手の価値観が自分とまったく違っても、無理やり受け入れようとします。

たとえば、相手が怒りっぽい人で、一方的に怒りをぶつけてくるときに、それを受け入れてストレスを感じてしまう、などです。

とにかく、相手に合わせようとして、自分が何らかの無理をしているという感じがあると、人間関係がめんどくさいと感じやすくなります。

これを**「ありのままでいられない感覚」**と言います。

世の中にはいろんな人がいます。ありのままの自分でいられる人もいれば、いられない人もいます。また、自分自身がありのままでいられるときと、そうではないときがあります。

ありのままの自分でいられないとき

ありのままの自分でいられないときに、多くの人は仮面をかぶって普段とは違う自分を演じています。相手に合わせようとするために、とにかくその場を取りつくろって、なんとか逃げようとします。そうやって自分の役割を演じているときは、精神的なストレスを感じます。

それは、**相手から嫌われたくないから、役割を演じている**のです。組織や相手から変に思われたくないから役割を演じています。「バカにされたくないから」「孤立したくないから」というように、自分が不快な思いを感じたくないから、相手に合わせているわけです。

ありのままの自分でいられる2つの方法

ありのままの自分でいられるとき、あなたはどんな気分になるでしょうか？

自分の好きなようにできて、自由を感じますね。思いどおりのことができる気がします。気分的に楽しいし、ワクワクします。自分の好きなことをやっているときや、成果が1つ1つ目に見えているときなどは、楽しみながら目標に向かって進んでいる手応えがあります。

自分の好きなことをやっているときや、本当に心を許せる相手と一緒にいるときは、ありのままの自分でいる感じがします。

では、どうすればありのままの自分でいられるのでしょうか？

それには、2つの方法があります。

1つ目は、**「ありのままの自分でいられる環境に身をおく」**ことです。自分の好きなことをしているときや、本当に親しい人と過ごしているときなどは、ありのままの自分でいられる環境にいるわけです。

この場合は、即効性があります。たとえば、会社ではありのままの自分でいられないことが多かったとしても、家に帰ったとたんに、ありのままの自分でいられるようになる人は多いでしょう。ただし、ありのままの自分でいられるのは、その環境にいる場合に限られます。

2つ目は、**「どんな状況でも、ありのままの自分でいられるようになる」**ことです。

私が上司から怖い声で呼ばれるとします。「何かやらかしたかな?」と思って行くとします。

そのときに、上司が何を言うのかは、予測しても私にはわかりません。だから、とにかく私は自然体で行きます。

相手から叱られた場合、ありがたく受け止めます。ですが、私は何も傷ついていません。「ご指摘を真剣に受け止めることに違和感はない」「自分が演じている感覚もない」ということです。

たとえ、こちらにいっさい非がないと思っても、相手の感情を害したことは事実ですから、謝るのは自然なことです。

どんな状況でも、ありのままの自分でいられるようになるということは、イメージとしてはそんな感じです。

「ありのままの自分でいられる環境」の特徴

では1つ目の、「ありのままの自分でいられる環境に身をおく」について詳しくお話ししていきます。

ありのままの自分でいられる環境とは、**自分が多数派に属している環境のこと**を指します。自分の興味・関心や、自分の考え方、ルールが多数派に属している環境です。

人は、自分の興味がないことが話題に上がると、不快な感情を感じやすくなります。

たとえば、5人グループで話をしているときに、4人が野球好きで、自分1人だけが野球にまったく興味がないとします。この場合、自分は少数派です。多数派は多数派で、野球の話で盛り上がりたい、楽しみたいわけです。そこで、自分が野球に興味がないと言うと、場が白けるのではないかと思って、無理に相手に合わせようとしてしまいます。そうしたときに、**少数派の人は不快に感じる**わけです。逆に、自分が多数派にいるときは、すごく楽しくなります。自分らしくいられます。

興味だけでなく、考え方も同じです。

自己啓発のセミナーに参加している人は、自分がそのセミナーにいる間は、そのセミナーの中では多数派になっています。でも、世の中では少数派です。

ですから、そのセミナーに参加しているときには、ありのままの自分でいられるけれど、セミナーに参加していないときは、ありのままの自分でいられなくなってしまうわけです。

自分のルールが少数派の環境だと、苦しい

また、人それぞれ異なるルールを持っています。他人や自分がルールを破ったときに、人は不快な感情を感じます。

ルールとは、「〜べきだ」「〜べきでない」という無意識の思い込みのことです。

たとえば、「相手の話を途中でさえぎるべきでない」というルールを持っている人がいるとします。その人が私に話しているときに、突然私がその人の話をさえぎって話し始めたら、その人は不快に感じます。なぜなら、その人は私によってその人のルールを破られたからです。

そのように、**人から自分のルールを破られた場合、多くの人は、自分の心にふたをして、我慢しようとします。**「何、話をさえぎっているんだよ」と、言わない人が多いですよね（遠慮しないで言う人も、時にはいますが）。すると、ストレスが溜まります。

そうしたルールをたくさん持っていると、自分が少数派に属しているときには、自分のルールが知らず知らずのうちに、まわりの人からどんどん破られていきます。

一方、自分が多数派に属しているときには、あまり破られることはありません。なぜなら、多くの人が自分と同じ考え方やルールを持っているからです。

自分が少数派の環境にいたら、自分のルールと相手のルールが違うことが多くなります。

すると、自分のルールがしょっちゅう破られるわけです。

その度に自分の心が傷ついていきます。さらに、そうしたルールを自分自身が破ったときにも、不快な感情を感じます。なんでこんなことしたのだろうと自己嫌悪に陥ります。

たとえば、相手の話をさえぎって話をし始めたときに、なんか嫌な気分がするわけです。ですから、自分の話題とルールが少数派に属しているときは、ありのままの自分でいるのは難しいと言えます。

自分のルールが多数派の環境は、必ずある

私が昔、ＩＴエンジニアの仕事をしていたとき、私は少数派でした。なぜなら、私はパソコンもＩＴも嫌いだったからです。なぜそこにいたのかといえば、手に職がつくと思ったからです。一方、他の人たちは、ＩＴが好きでした。そのため、私は他の

人たちと興味や話題が全然合わなかったのです。

彼らは仕事が終わった後、よく一緒に遊んだり、飲みに行っていました、しかし、私は、「飲みに行くなんてもってのほか、キャリアアップしなければ」と、自分の市場価値を上げることを考えていました。

だから、他の同僚たちはみんなで飲みに行ったり、交流している中、自分は仕事が終わったらすぐ、簿記会計の専門学校に行っていました。その結果、簿記2級を取りました。それから、中国語検定準4級も取りました。今思えばおかしな話ですが、当時は、手当たり次第に資格を取れば、自分の市場価値が上がると信じていたのです。一生懸命努力すれば、報われると思っていたのです。

私は完全な少数派でした。会社で浮く存在になっていたのです。そのため、私は職場でますます孤立していきました。

当時の私にとって、他の人たちはみんなユルく見えていました。「みんなダラダラしているな」「好き勝手にITを楽しんでいるな」などと思っていたのです。

当時の私は、ビジネスマンとしては、仕事はもちろんしっかりとやるが、それ以外の時間は、勉強して資格を取って、市場価値を上げなければならないというルールを持っていました。

これは、完全に少数派のルールです。そのルールによって、無意識に他人を裁き、内心で他人をバカにしていたわけですね。職場で孤立するのも当然です。

私は彼らと一緒にいるときは、苦痛で仕方がありませんでした。なぜなら、自分を無理やり相手に合わせていたからです。

このとき、ありのままの自分でいる感覚はまったくなく、ただ苦しくて仕方なかったのです。そのため、うつ状態にまで陥ってしまいました。「このまま、自分は死んだほうがましだ。生きていても意味がないから」。そう、思っていたのです。

その後、キャリアコンサルタントという自分の好きな仕事に転職をしました。

その結果、**一気に多数派の環境に移った**のです。その上、人の相談に乗ってお金をもらえるなんて、こんな最高なことはないと思いました。

みんな同じような価値観を持った人たちばかりで、「人の役に立ちたい」とか、「キャリアについて興味がある」という人が職場に多く、話題も合うし、考え方も共通していました。

一気に多数派に入ったのですから、心地よくて仕方がないという毎日を送ることができるようになったのは、言うまでもありません。本当に幸せでしたね。

そのときは、ありのままの自分を出せたのです。

最低1つは、「自分が多数派でいられる環境」に所属する

人間関係の問題で会社を辞めようとする人に対して、

「自分を変えない限り、どこの会社に行っても同じだ。なぜなら、人間関係の問題はどこにいてもつきまとうから」

と言う人が多くいます。カウンセラーや人間心理の専門家ですら、そうした見解を持っている人もいます。


しかし、これは、半分本当で、半分嘘《うそ》です。自分が少数派から多数派の環境に移れたら、人間関係の問題は解決されるからです。

少数派の会社から少数派の会社に転職したら、確かに同じ問題が起こる可能性は高くなります。一方、少数派から多数派の会社に移れば、人間関係の悩みは解決する可能性は高くなります。

もちろん、だからといって、いつでも転職をお勧めしているわけではありません。

同じ会社でも、上司や部署が変われば、自分が多数派になることはあります。自分が多数派に入るように工夫することもできるでしょう。

いずれにしても、**人生において、自分が多数派のグループに最低1つは所属することが大切です。**

なぜなら、会社や学校では少数派に属していても、それ以外のどこかで多数派に属していれば、心が救われるからです。

趣味の集まりやセミナー、自分が多数派でいられるところに参加したり、そうしたグループに入ると、**「自分はこの世にいていいんだ」「自分には存在価値があるんだ」**と思えます。

最低1つ、自分が多数派でいられる環境を持っていると、世の中に自分の居場所はどこにもないという考えを持たなくなります。

多数派になれる環境を、自分でつくる

ひきこもりの人は、結局、自分の部屋以外には自分の居場所がないと思っているわけです。

たまたま、特定の学校や会社で、自分が少数派だっただけなのに、それを一般化してしまって、社会のどこでも自分は少数派であると思い込んでいるのです。

社会の中で自分の居場所はどこにもないと思ったら、1人になるしかないと判断しても仕方がないかもしれません。

でも、そういう人も、探せば必ずどこか1つは自分が多数派でいられる環境はあります。自分と同じような趣味や価値観を持つグループを見つければいいのです。

見つからなければ、自分でグループをつくるという手もあります。

たとえば、私は世界一の情熱発見ツールと呼ばれるパッションテストを日本で広め、パッションテストのコミュニティを仲間と一緒につくりました。それは、私にとっては、すごく居心地がいい場所なのです。

なぜなら、私が**多数派でいられる**からです。自分が始めたから、同じような価値観を持った人が集まってきました。趣味のグループでもサークルでも何でもいいので、自分が呼びかければ、それに共鳴した人が集まりますから、自分が多数派になりやすくなります。

自分が多数派に入れるグループが見つからなければ、自分で作ってしまいましょう。

「どんな状況でも、ありのままの自分でいられるようになる」2つのエッセンス

自分が多数派のグループにいたとしても、意見の違う人がいたり、不快に思うことはあります。ありのままの自分でいられないことはありますよね。

「すごく居心地のいい会社なのだけど、あの上司だけはなんかウマが合わない」とか、「特定の人といるときだけ緊張感がある」など、そうした場合はどうしたらよいのでしょうか?

それは、どんな状況でも、ありのままの自分でいられるようになればいいのです。

そうすれば、嫌いな人はいなくなり、ラクになります。そして、いろいろなことを新しく始める気になり、人生が大きく変わるでしょう。

では、どうすれば、どんな状況でも、ありのままの自分でいられるようになるので

しょうか?

それには2つの要素があります。

1つ目の要素は、**「自分が幸せな状態でいる」**ことです。

自分の現在の心や体の状態で、自分の反応や行動は変わります。

たとえば、「なんかダルいな」とか、「心が病んでいるな」というときは、自分に余裕がありません。そういうときは、普段はあまり気にしてないことが、すごく気になって傷ついたり、もしくは、言わなくてもいいことをつい言ってしまう場合がありま す。

心や体の疲れから、「あんまり人に会いたくないな」「会ってもつらいな」というときは、自分が幸せな状態ではない場合なのです。

逆に言うと、自分が幸せな状態のときは、多少相手に何かを言われても、気になりません。

2つ目の要素は、**「嫌いな人や苦手な人とうまく対応できるようになる」**ことです。

これまでの人生で、「嫌いな人が1人もいなかった」と言う人には、お目にかかったことがありません。私も嫌いな人の顔を思い出せと言われたら、たくさん思い出せます。苦手な人とは、嫌いな人の柔らかい言い方ですね。本当は嫌いな人なのに、嫌いな人と言ってしまうと自分が許せなくて、ちょっと苦手な人と言っているわけです。「人を嫌いになることは、絶対にやってはいけないことだ」と思っている人は苦しみます。

人を嫌いに思っても、苦手と思ってもいいのです。それは、とても自然なことなのです。好きな人もいれば、嫌いな人もいる。それは当然です。そうした感情にふたをしないことが大切です。

次の章からは、感情にふたをすること以外の方法で、うまく嫌いな人に対応していく方法をお伝えします。

まずは、自分が幸せな状態でいるための方法について次章でお話ししていきます。

第6章

相手に関係なく、自分が幸せでいられる6つの方法

相手に期待しないと、加点できる

自分が幸せなときは心にゆとりがあります。自分が普段どういう心の状態で過ごしているのかが、とても大切です。普段から幸せな気持ちでいれば、何が起こっても、たいして重く受け止めません。逆に、幸せな気持ちでないときは、心に余裕がないため、ちょっとしたことでも深く傷ついてしまいます。

多くの人は、幸せになるために、他人に頼っています。

自慢話をする人は、自慢話をすることで、人から認められたいという欲求を満たして幸せな気持ちを感じようとします。自分の話ばかりをする人は、理解してもらおうという欲求を満たして、幸せな気持ちを感じようとするわけです。他にも、他人に頼る形で、自分の欲求を満たす方法はいろいろあります。

頼るということは、相手に期待することです。**相手に期待するということは、減点方式**です。逆に、**相手に期待しないということは、加点方式**です。

私が妻に対して、「毎晩、最高の食事を作ってもらいたい」という期待を持っているとしましょう。家に帰ったときに、晩ごはんが用意されていなかったら、私は「なんで晩ごはんがないいんだ」と不満に思うわけです。つまり、減点をします。一方、帰ったときに晩ごはんが用意されていたら、それは当たり前のこととして受け止めます。そこには、プラスがありません。感謝がないのです。

相手に期待しないとしたらどうでしょうか？

実際、私は妻に対して、料理を作るべきだという期待をしていません。妻が料理をしたいときにすればいいし、したくなければする必要はないと考えています。

人それぞれ、自分の好きなことをやるのが一番うまくいくと思っているので、家に帰って、ごはんが用意されていないことに対して何とも思いません。いっさい気にしないわけですね。晩ごはんがない場合は、「そうなんだ。じゃあ、今日どうしようか」ということで、出前を頼むか、何か買ってくればいいと思っています。

晩ごはんが用意されていたとしたら、うれしい気持ちになります。これは加点です。「おいしい食事が食べられる」という感謝と幸せを感じます。

この違いは、大きいものがあります。

同じことをやっていても、こちらが相手に期待しているかどうかで、自分の感情が全然違いますし、相手との関係もまったく違うものになります。

相手への「期待」を「信頼」に変える

他人に期待するというのは、常に減点方式であり、傲慢《ごうまん》なことなのです。

「やってもらって当たり前。やってくれなかったら何をやっているんだ」と思うからです。相手に期待せずに、それぞれの人が好き勝手に生きればいい、それが人生だと思っていれば、常に加点方式です。感謝と幸せの人生を送れます。

たとえば、会社において、部下に何か指示をして、「やってもらって当たり前、そうじゃなかったら罰する」と言う上司がいたら、その上司は減点方式を採用しているわけです。部下にとっては、そういう上司だったらキツイでしょう。何をやっても、認められないし、ほめてもらえないわけですから。

相手に期待しないと、相手がダメになってしまうのではないか、という恐れがあったら、それは幻想に過ぎません。

実際は、**相手への期待を手放したとたんに、その相手が輝きます。**

部下が指示どおりに仕事をしたら、深く「ありがとう」という感謝の念を感じます。部下が指示どおりに仕事をしなかった場合にも、イライラしません。感情を害することなく、必要な対策を講じます。

期待をする代わりに、相手を信頼するのです。そうした上司の下だったら、力いっぱい働きたいと思っている人は多くいます。自分が部下だったら、減点方式の上司よりも加点方式の上司の下で働きたいですよね。だったら、そのような上司になってほしいと思います。

自分で今すぐ幸せになるには、人に期待しないことです。相手に期待するのではなくて、自分で今すぐ幸せになればいいのです。これは、可能です。

自分にとっての「幸せ」を明確にする

いったい幸せとは、何でしょうか?

幸せという言葉を私たちは日常的に使っていますが、人それぞれ幸せに対するイメージは違います。

ある人にとっての幸せは、おいしいものを食べることかもしれません。別の人にとっての幸せは、家族で過ごす穏やかな時間かもしれません。

同じ幸せという言葉を聞いたときに、ある人はおいしいイメージ、ある人は穏やかなイメージ、また別の人は、ワクワクしている、興奮しているという状態をイメージするかもしれません。

「自分にとって幸せとは何か？」というのは、人それぞれ違います。

これまで、古今東西の哲学者、宗教家が幸せの定義を語ってきました。ですが、絶対的なものはないのです。自分がどれを信じるか、もしくは、どれを選択するのかが大事なのです。

よく自己啓発書の中では、「目標を明確にしなさい」と書かれています。しかし、**「幸せを明確にしなさい」**と書かれている本にはお目にかかったことはありません。

目標と幸せだったら、幸せのほうが大事だと言う人は多いでしょう。

なぜなら、**目標を達成するのは、幸せを得るため**だと考えているからです。

それにもかかわらず、「自分にとっての幸せ」とは何なのかが明確ではない人が多いのです。それがあいまいだから、あいまいな幸せしか手に入らないのです。

「自分にとっての幸せ」が明確になれば、明確な幸せが手に入るのです。

目標を明確にするよりも、まず幸せを明確にするほうがはるかに大切です。成功や自由も同様です。成功や自由が欲しいのであれば、まず自分にとって成功や自由とは何かを明確にしましょう。


明確にすればするほど、それらは手に入るし、手に入ったかどうかが判断できます。

多くの人は、自分にとっての幸せを明確にしていないから、なんとなく生きて、それなりにやっていればなんとなく幸せかなという状態にいます。

「幸せ」の4つの種類

具体例として、幸せに対する私の定義をお伝えします。この定義が、すべての人にとって正しいと主張するつもりはありません。私が紹介して、それをあなたがどのように選択するかは自由です。

幸せには、いくつかの種類があります。

1つ目は、**「ポジティブな動的感情」**です。

たとえば、楽しい、うれしい、おいしい、ワクワク、興奮などの感情を指します。こうした感情は幸せの1つの種類です。

2つ目は、**「フロー状態」**です。のちほどもう少し詳しく説明しますが、フローとは、簡単に言うと、何かに没頭している、夢中になっている状態のことです。

あなたにはこういう経験がありませんか？

小さいころ、外で遊んでいたら、あっという間に時間が経って、いつの間にか夜になっていたという経験です。そうした夢中になっている状態のことを「フロー」と呼びます。

仕事においても、あっという間に1日が終わってしまったと感じるときがあると思います。そうしたときには、フロー状態であった可能性が高いでしょう。フロー状態の最中は無心になっていますが、あとで達成感や充実感を感じます。そうしたフロー状態は幸せの1つの種類です。

3つ目は、**「自分の行なっていることに、意味や意義を感じている」**ことです。言い換えると、「自分は、人生の目的に沿った生き方をしている」という感覚です。

4つ目は、**「ポジティブな静的感情」**です。

「ポジティブな静的感情」とは、心の平安や穏やかさを指します。
自然の中で自然と一体化しているときや、海を見ながら家族で一緒に過ごしているときに、心の平安を感じます。それから瞑想をしていて、無心になっているときも、穏やかさを感じます。こうしたポジティブな静的感情を感じているときは、とても幸せな状態です。ベストセラー作家であり、幸せに関する世界的なエキスパートであるマーシー・シャイモフは、このポジティブな静的感情を「理由なき幸せ（Happy for No Reason）」と呼んで、最高の幸せであると説いています。

なぜ豊かになるほど、幸せに鈍感になるのか？

これら4つの幸せのうち、1つ目の**「ポジティブな動的感情」には、負の側面があります。**

おいしい、楽しい、うれしいなどのポジティブな動的感情を感じているときは幸せです。しかし、そうした気持ちは、瞬間的であり、かつ、それに慣れてしまうと、幸せを感じにくくなります。

たとえば、一昨日ラーメンを食べました。昨日も同じラーメンを食べました。今日も同じラーメンを食べました。飽きますよね。

同じ刺激は飽きるわけです。同じポジティブな感情を感じ続けると飽きるのです。

家賃5万円で暮らしている人が、家賃20万円の住まいで暮らせるようになったら、すごく幸せに感じるでしょう。しかし、住んで3カ月くらいすると慣れてしまい、そこに住んでいるのが当たり前だから、幸せな気分を感じなくなってしまいます。すると、次はもっと良い場所に住もう、今度は家賃50万円の住まいを目指そうと考えてしまうわけですね。

こうして、幸せを感じるためのハードルが上がるのです。一般的には、豊かになればなるほど、幸せを感じるためのハードルが上がり、不幸せになるためのハードルが下がります。

豊かになればなるほど、幸せになりにくく、不幸せになりやすいのです。

普段、1食1000円の食事をしている人が、日常的に1万円の食事をできるようになったら、うれしいですよね。ですが、普段1万円の食事をしている人が、日常的に1000円の食事をすることになったら、かなり不満を感じるでしょう。

多くの人は、一度、**ある程度の豊かさを経験すると、その豊かさを手放すことが恐ろしくなります。**

私たち日本人は世界全体から見たら、ものすごく裕福です。これが、もし日本で暮らしていながら、発展途上国と同じ暮らしをすることを余儀なくされたら、どんな気分になるでしょうか？「トイレがない」「安全な水が手に入らない」「エアコンがない」という生活になったら、これはものすごく不幸に感じますよね。そういう生活に陥りたくないという恐怖があるわけですね。

ですから、豊かになればなるほど、不幸せになりやすいのです。

なぜなら、その豊かさを手放したくないという恐怖感が強くなるからです。油断すると、今持っている豊かさを簡単に手放すことになってしまうような気がして、不幸せになります。

また、豊かになればなるほど、幸せを感じることが難しくなってきます。

実際、日本人の幸福度は先進国で最下位であることを示している調査結果があります。現在、多くの日本人は物質的にはある程度満たされていますよね。昔は、洗濯機があったら、すごくうれしいわけです。テレビが家にきたときは、家中、さらには近所の人たちも大騒ぎです。最高にうれしいわけです。そんな時代が確かにありました。でも、今は洗濯機もテレビもあって当たり前だから、すごくうれしいと思わないですね。ですから、幸せになりにくいのです。

特に、**物質的にある程度満たされた社会になればなるほど、物質で幸せを満たすことが難しくなります。**こうして、豊かになればなるほど、幸せを感じるためのハードルが上がり、不幸せを感じるためのハードルは下がります。

ポジティブな動的感情には、そうした負の側面がありますが、このあとお話しすることを実践すれば解消できるようになります。

「今すぐ幸せになる」重要ポイント

私がお勧めしているのは、心の平安というポジティブな静的感情を日常的に感じることを人生の土台としながら、それ以外にも、あらゆる幸せを味わうことです。

ラーメンを食べているときは、ラーメンを味わいましょう。素敵な森林を歩いているときは、森林を味わいましょう。目の前の花を味わい愛でましょう。目の前の景色を味わいましょう。人と一緒に過ごしているときは、その人と一緒に過ごしている時間を味わいましょう。

スマホを見るのをやめて、何か別のことを考えるのをやめたら、それだけで**今、目の前にある幸せを味わう**ことができます。

誰でも今すぐ幸せになることは簡単なのです。

これらを味わうことに集中すればいいのです。これらを味わうのは、**体感覚**です。思考では味わえません。幸せを味わうためには、体感覚が大事です。

感謝を味わう――今すぐ幸せになる方法①

今すぐ幸せになる方法の1つ目は、「感謝を味わう」です。

よく自己啓発書には「感謝の大切さ」について書かれています。しかし、感謝を味わっているかどうかはまったく別のことです。

たとえば、1日に10回以上「ありがとうございます」と言う人は、世の中にたくさんいます。ですが、それを味わっている人はそんなにいません。なんとなく「ありがとう」と言っているけれども、心からありがたさを感じて「ありがとう」と言っている人は少ないのです。

単に「ありがとう」と言うことよりも、そのありがたさを心から感じているかどうかのほうがはるかに大切です。

感謝を味わう習慣を身に付けるためにお勧めなのが、**「感謝を味わう公式」**です。

> **ありがとう ＋ ～（人・モノ・コト）＋ 理由（～してくれて、～だから）**
> **＋本当にありがとう**

この「感謝を味わう公式」に当てはめると、こんな文になります。

「ありがとう、お父さん。私をここまで育ててくれて。いつも温かく見守ってくれて。困ったときには助けてくれて、本当にありがとう」

この文を、感謝しながら書き出すのです。

理由は思いつく限り、いくつ入れてもかまいません。

具体的には、まず「ありがとう」がきます。次に感謝の対象です。人・モノ・コト。そして、理由。最後に「本当にありがとう」で締めくくります。

苦手な人に対しても、感謝を味わう秘策

大事なのは、**「ありがとう、〜」という順番にして、「〜、ありがとう」という順番にしない**ことです。

なぜなら、まず、「ありがとう」と言い切ることで、感謝の気持ちが湧いて、その後、感謝の対象が出てきやすいからです。

自分が父親を憎んでいるとします。「〜、ありがとう」の順でやろうとすると、まずパッと父親を最初に思い浮かべるのは難しいでしょう。父親に「ありがとう」とはなりにくいわけです。

ですが、まず「ありがとう」と言ったあとであれば、感謝の対象として、父親が出てきやすくなります。

普段あまり感謝することが思い浮かばない人でも、**「ありがとう」と先に言い切ることで、パッと感謝の対象が思いついて、その人やモノに感謝することが出てきます。**

普段感謝していないようなことでも、探せば、必ず何か1つか2つは感謝すること

が見つかります。

ですから、「ありがとう」とまず言い切ってしまって、その対象を探すほうが出てきやすいです。

また、**理由を入れることで、感謝の気持ちを味わいやすくなります。**

多くの人は、感謝をするときに、理由を述べる習慣がありません。サービス業の人など、感謝の技術に長けている人は、「〜してくださってありがとうございます」と相手に言っています。「声をかけていただいて、ありがとうございます」や「お話を理解していただいて、ありがとうございます」などの言葉です。単に「ありがとうございます」だけではありません。感謝の達人は「〜してくださって、ありがとう」という表現を、無意識に使っているのです。

理由を加えると、感謝の気持ちが強まるということを知っています。理由を入れることで、感謝の気持ちを味わいやすくなります。

感謝を味わう公式の最後に「本当にありがとう」とありますが、このとき、心から感謝の気持ちを感じることが大切です。

幸せな気分になれる「感謝味わいノート」のつくり方

ぜひ、「感謝味わいノート」をつくってください。感謝を味わう公式に沿って、ノートに思いつく限り感謝の言葉を書いていくと、1ページを書くのにだいたい10分かかります。**1日10分で幸せな気分になれる**のです。

これをマスターするだけで、すぐに幸せになれます。この習慣が身に付けば、普段から、いろんなことに対して幸せを感じやすくなります。

もう一度、やり方を説明します。

まず「ありがとう」と書きます。次に、感謝の対象として思いついた言葉、お父さん、お母さん、家族でもいいし、友達でもいいし、会社の人でもかまいません。**人に限らず、モノでもかまいません。**パソコン、ベッド、椅子、ハンガー、バッグも対象になります。普段、ご自身の自宅にあるものを思い浮かべてみてください。

多くの人は、モノに対する感謝を忘れています。でも、実際には、そのモノがあるから助かっていることは、たくさんあります。

感謝の達人は、モノにも感謝しています。お金でもかまいません。

その次に、**「～してくれて」「～だから」という理由を1～3個ほど書きます。**

締めくくりに「本当にありがとう」と書きます。「本当にありがとう」と書くときには、その感謝の気持ちをじっくりと味わってください。余韻に浸ってから、また次の感謝の文を書き出します。

もしかすると、最初は照れくさいと思うかもしれません。それが、当たり前です。ですが、照れくささを脇に置いて、自分が感謝を感じることに意識を向けてみてください。体感覚です。感謝の気持ちを十分に感じてください。感謝の気持ちを感じることだけに意識を向けていたら、照れくささはなくなるはずです。感謝の気持ちを味わっているときの気分は最高です。心の平安と感動を覚えます。

「当たり前のこと」に感謝する

この演習は、とても大切です。

なぜなら、**私たちは、感謝を忘れがちな生き物**だからです。私たちは、目の前に起っていることや、すでに持っていることを当たり前と思いがちです。

　ここにパソコンがあるのは当たり前。エアコンがあるのは当たり前。自分がこの家に住んでいるのは当たり前だし、毎日ごはんを食べていけるのは当たり前。会社で雇われているのも当たり前だし、自分がこの世に生まれて今ここにいるのも当たり前。目の前にいる人が、今そこにいるのも、当たり前。

　全部が当たり前になってしまっているのです。よくよく考えると、今お伝えしたことの中で、当たり前のことなんて、1つもないですよね。すべてが奇跡です。ですが、みんな当たり前のことと思ってしまうのです。

　繰り返しますが、幸せの達人は、感謝の達人です。

心から幸せな人は、いつでも感謝をしています。常に何に対しても、目の前の小鳥に対しても、自分が今存在していることに対しても、相手に対しても、全部感謝の気持ちでいると、幸せな気持ちになります。

　感謝を味わっているときは、何かを手に入れたときの一瞬の満足感よりも、深い幸せが得られます。

幸せは、いつも目の前にあるのです。今すぐ幸せになるには、そのことに気づくだけでいいのです。

当たり前のことが、そうではないことに気づくだけで、人は今すぐ幸せになれます。

こんなに簡単に深い幸せが得られるのです。**感謝の気持ちを味わう習慣が身に付くまでは、「感謝味わいノート」をつける訓練をする**ことをお勧めします。

実際にやってみると、深い幸せを感じますし、それによって、人生が変わってくることを実感できるはずです。

幸せをかみしめる——今すぐ幸せになる方法②

「幸せをかみしめる」とは、**何かをしているときは、そのやっていることに集中する**ということです。

そうしないと、幸せを十分に感じられず、とてももったいないことになります。

ごはんを食べるときは、ごはんに集中。景色を見るときは、景色に集中。音楽を聴くときは、音楽を聴くことに集中。人と過ごすときは、目の前の相手に集中します。

マッサージを受けているときに、何か考え事をして、いつの間にか終わっていたら、とてももったいないことです。気持ちいいことをしているときも同じです。今やっていることに集中したら、幸福度は確実に上がります。

ぜひご自身で試してみてください。

たとえば、ごはんを味わうことに集中しながら食べると、とてもおいしく感じられることに気づくはずです。

今やっていることに集中していないときは、頭の中で何かを考えています。

人は、今この瞬間について考えることはできません。考えているときは、過去か未来のどちらかについて考えています。

ごはんを食べているという現在の瞬間について考えることはできません。現在のこの瞬間は感じることしかできないのです。

なんとなく考えているときは、80％以上ネガティブなことを考えています。脳科学の世界でも、過去の痛みか、未来の不安のどちらかを考えていることが多いと言われています。

そのどちらかを考えるのか、それとも目の前のことに集中して幸せな気分を感じるのとでは、どちらがいいですか？　もちろん、目の前のことに集中して幸せな気分を感じるほうがいいですよね。

最近良かったことを意識する——今すぐ幸せになる方法③

今すぐ幸せになるために、最近良かったことを意識する習慣を持つことをお勧めします。

私の家庭は、夕飯のときに、家族のメンバーがそれぞれ今日良かったことを3つずつ話すようにしています。良かったことを経験しているときは幸せですが、あとで、そのことについて話すと、幸せな気分をまた感じますよね。

つまり、「幸せが2倍になる」というわけです。

これは、良かったことを思い出す訓練にもなります。

多くの人は、良かったことをすぐに忘れます。すでにお伝えしましたが、「ネガティビティ・バイアス」によって、人はポジティブな出来事よりもネガティブな出来事のほうが強く記憶に残ります。

普段私たちはなんとなく生活していると、良かったことがほとんど記憶に残らずに、人生が終わってしまいます。ですから、良かったことを意識する習慣が必要なのです。

習慣化するまでは、訓練です。私と同じように**家族で1日1回良かったことを話す**とか、**自分1人で「良かったこと日記」をつける**とか、自分に合った方法を見つけるといいでしょう。

パッションを生きる——今すぐ幸せになる方法④

今すぐ幸せになるために、パッションを生きることをお勧めします。

パッションとは、「情熱」のことです。また、自分が情熱を傾けている対象のものをパッションと呼びます。**パッションとは、「今すぐ幸せになること」プラス「ビジョン」**です。パッションに沿って行動をしていくと、すぐに幸せになるだけでなく、自分の望む結果に向かって進んでいけます。

たとえば、「海が見える自然と一体化した家に住みたい」というパッションがあるとして、今はそうではない家に住んでいるとします。

こうしたパッションを持っている人は、家のパンフレットを見ると、すごくワクワクします。モデルルームに行くと、とても幸せです。自分が好きな家のデザインの写真を見ると楽しくて、こういうところに住みたいとワクワクします。

その家に住むというビジョンに向かって進むプロセスもワクワクするし、そうした家に住んでからもワクワクするのです。

パッションを生きていると、自分のビジョンを実現するのに必要な情報やチャンスが自然と集まります。自分が放っている幸せのワクワクエネルギーがそうした幸運を引き寄せるからです。

一方、今は全然喜びを感じずに苦しいだけで、「一生懸命頑張れば、将来幸せになれる」という考えは、パッションとはまったく関係ありません。

望む結果を実現するプロセス自体を楽しめなければ、望む結果を実現するのはきわめて困難ですし、たとえ実現できても、深い幸せを感じない可能性が高くなります。

パッションに沿って生きていけば、幸せですし、その過程もずっと幸せなので、幸せがさらなる幸せを引き寄せ、現実化していきます。

自分が何に対してパッションを持っているかがわからない人には、**「パッションテスト」**を受けることをお勧めします。

何も考えない時間を増やす——今すぐ幸せになる方法⑤

幸せになるためには、何も考えない時間を増やしましょう。

「行動するのがめんどくさい」のところでも話しましたが、大事なことなので繰り返しお話しします。

考えることは良いことではなく、むしろ悪いことなのです。

人は1日に約6万回考えます。そして95％は前日、前々日と同じ考えで、80％はネガティブなことを考えています。ほとんど将来に対する不安か、過去の痛みかのどちらかを無意識に考えているわけです。

何度もお伝えしていますが、「ネガティビティ・バイアス」もあります。ネガティブなことのほうが、人は印象に残っています。自分の考えの80％がネガティブなことだから、これがより強く記憶に残るわけです。つまり、ネガティブなことばかり印象に残っていると言えます。

ですから、基本的には、**「考えること」イコール「苦しい」と思っていい**のです。

もちろん、なんとなくの思考と意識的な思考を区別する必要はあります。「なんとなくの思考」とは、ボーッとしているときに無意識に考えていることですね。「意識的な思考」とは、「今から来年のプロジェクトの計画を立てよう」というような思考を指します。

「意識的な思考」は必要です。ですが、「なんとなくの思考」はできる限り少ないほうが幸せです。

多くの人は、自分が考えていると思っていますが、本当は自分では考えていません。考えのほうが自分にやってきています。考えがどこかで生まれ、自分の心の奥底のどこかで、それを感知します。

「なんだか、お腹が減ってきたな」とか、「あれをやり忘れた」とか、そのように考えようと思って考えたわけではありません。なんとなく考えがやってきたのです。

そのやってきた考えに対して、私たちは感情を感じます。怒りや苦しみや喜びなどを感じるわけです。

「考えない力」を養うことは、とても大切です。学校では、考える力を養うことを重視していますが、生きている間の大半は「なんとなくの思考」ですから、ぜひ「考えない力」を養うことも、同じくらい重視していただきたいと思います。

考えないためのカンタン訓練法

先ほどは考えないための訓練として「ネーミング・ウォーク」を紹介しましたが、他に手っ取り早いものとして、「五感に集中する」ことがあります。

特に**体感覚に意識を向けると、思考が働きにくくなります。**「なんか今ちょっと考えているな」と思ったときに、一番簡単なのは、手足の感覚に意識を向けることです。するとのと、自然と思考が働きにくくなります。

何も考えていないときは、幸せを感じます。考える必要があるところでは考える、そうではないところでは目の前のことに集中するのが幸せの秘訣《ひけつ》です。

ごはんを食べるときは、ごはんを食べることに集中します。この椅子、座り心地がいいと思ったら、椅子に座っている感覚、心地よさを味わいます。考えていると、そのことを忘れてしまいます。考えているときは、過去の痛みと未来の不安について苦しむことが多いのです。

考えないためには、五感に集中してみてください。五感に意識を集中すると、考えにくくなります。

フローを体験する——今すぐ幸せになる方法⑥

先にもフローについて簡単に説明しましたね。フローを提唱したのは、ミハイ・チクセントミハイという人です。

フローとは、簡単に言うと、**何かに夢中になっていて、時間の感覚がなくなってしまう状態**です。

私が講演をしているときは、フロー状態に入っています。そのときの私は、私が話している感覚ではなくて、何者かが私を通じて話している感覚があります。画家や音楽家が、まるで何かが乗り移ったかのように芸術活動に打ち込んでいるような感じです。

ウィキペディアでは、フローの構成要素は、次の8つであると説明されています。

8つの構成要素全部を満たさなくてもフロー状態に入れます。私の実体験を交えて、1つずつ説明していきます。

①明確な目的（予想と法則が認識できる）

私が講演をしているときは、明確な目的があります。何のためにこれを行なっているかを常に把握しています。また、こういう話をしたら、こういう反応がくるだろうなということが予測できています。

②専念と集中、注意力の限定された分野への高度な集中

この瞬間に集中しているということです。幸せになる秘訣は、今、目の前のことに集中することだとお伝えしました。フロー状態は、まさにその状態で、今この空間、この瞬間、ここにいる人、目の前でやっていることに、集中している状態です。

③自己に対する意識の感覚の低下、活動と意識の融合

私が講演をしているときは、その空間に溶け込んでいて、自分の存在を感じていま

せん。無心になって、自分という存在を忘れている感覚です。

④時間感覚のゆがみ

フローのときは、時間の感覚がおかしくなります。瞬間的にすごく長くなったりします。たとえば、テニスなどで集中しているとき、スローモーションのようにボールがきて、打っている感覚です。一方、時間が経つのがあっという間で、終わったあと、深い充実感を得られます。

⑤活動の過程における成功と失敗が明確で、行動が必要に応じて調節される

講演中に私が何かを発言して、参加者の皆さんがしかめっ面をしたとします。すると、皆さんが私の話を理解していないことがわかります。その場合、より詳しい具体的な話をします。

逆に、私が何かを話したときに、皆さんがいい反応を示したとします。すると、この話は響くのだなとわかりますから、その後は、似たような話をしたり、同じような説明の仕方をするようにします。こうして、常にフィードバックを得ながら、自分の

行動を調節しています。

⑥能力の水準と難易度とのバランス

この点については、私はすごく気をつけています。自分の能力と、今やっていることの難易度が釣り合うとき、もしくは、難易度が少し上のときに、フロー状態になりやすいのです。

自分の能力に対して、難易度が低い場合、簡単すぎて、フロー状態に入りにくくなります。退屈してしまうわけです。

逆に、自分の能力よりも難易度が高すぎても、フロー状態に入りません。

たとえば、テニスの初心者がプロと対決しても、フローには入れません。全然試合にならず、つまらなくて、夢中になるどころではありませんから。一方、実力が拮抗《きっこう》している相手であれば、夢中になれるのでフロー状態に入ります。

これまで、私がまったく同じ内容の講演会をしないようにしているのは、そのためなのです。

私自身、飽きっぽい性格であるということも関係していますが、まったく同じ講演をしようと思ったら、この能力と難易度のバランスがとれなくなると思うのです。

つまり、難易度が低くなってしまいます。もう慣れで講演ができてしまうので、フロー状態に入りにくくなります。そうすると、その時間がつまらないものになるし、パフォーマンスも十分に発揮できません。

私は講演中に、まるで何者かが乗り移って話しているような感覚になり、そのときは創造性が最大限に発揮され、最高のパフォーマンスになっています。

ですが、難易度が低くなると、フロー状態に入れないので、素の自分でしかないわけです。その場合、発想は限られるし、説明も不足しがちになるし、皆さんにとっても、私にとっても、いいことは何もないわけです。

⑦状況や活動を自分で制御している感覚

講演中に、「この場の状況で、私がこうしたらこうなるだろうな」とコントロールできているということですね。制御している感覚があるとも言えます。

⑧活動に本質的な価値がある。だから活動が苦にならない

テニスが好きな人は、好きでやっているので、苦になりません。私は講演の活動には価値があると思っているので、苦になりません。

自分が好きなことをして、パッションを生きているときにはフロー状態に入りやすいのです。自分にとって価値がないと思っていることをしても、フロー状態にはなりにくいのです。

以上がフローの8つの構成要素です。誰でも過去に何らかの形でフローを経験したことはあるはずです。

とにかく、**フローに入るために大切なことは、自分にとって価値があることをやること**です。そして、簡単すぎず、難しすぎないようなチャレンジをし続けることです。

第7章

苦手な人にうまく対応できるようになる方法

嫌いな人がいるとき、誰が悪いのか？

ありのままの自分でいられるための1つ目の方法として、今すぐ幸せになる方法をご紹介してきました。

この章では、2つ目の「嫌いな人や苦手な人とうまく対応できるようになる方法」をお話ししたいと思います。

そこでまずお伝えしたいことがあります。

それは、**嫌いな人がいるときに、自分も相手も悪くない**ということです。多くの人は誰かのことが嫌いだと思ったら、「相手が悪い」と思うか、「そのように思っている自分が悪い」と思うかのどちらかです。

「人を嫌うべきではない。人を嫌うなんて自分は醜い心を持っている」と思って、自分を責める人もいるでしょう。

一方、中途半端な状態が苦しいから、相手をもっと嫌いになるために、変に相手を挑発して、徹底的に嫌いになる人もいます。

しかし、本当は、相手も自分も悪くありません。**単にルールがうまくいっていないだけ**なのです。

嫌いな人は、あなたのルールを破っているだけ

先ほども説明しましたが、ルールとは、「～べき」「～べきでない」のことを指します。

自分のルールが相手や自分によって破られると、人は不快な感情を感じます。

たとえば、「人前で、感情的になるべきではない」というルールを持っている人がいるとします。その人は、自分に感情的に接してくる人に対して、不快な気持ちを感じます。なぜなら、その相手が自分のルールに反する考えや行動を示したからです。

自分に不快な思いをさせる相手のことを、人は嫌いになります。それが積もり積もっていくと、徹底的に相手のことが嫌いになっていきます。

嫌いな人は、会う度に、自分のルールを破ってきます。

人が誰かを嫌いになるのは、相手に不快感を覚えるからです。もしくは、その相手

という自分に不快感を覚えます。そのどちらかなのです。

それは、自分のルールを自分か相手が破っているからなのです。

仮にそのルールがなかったら、なんとも思いません。

すぐ感情的になる人が目の前にいても、「人が感情的になるのは普通のことであるし、誰しもがやっていることだ」と思っている人にとっては、不快感は生じないわけです。

「人は相手の話をさえぎって話をすべきでない」というルールを持っている人は、誰かが話をさえぎったり、自分が話をさえぎったら、不快に感じます。

一方、同じ状況で不快に感じない人は、自分が話をさえぎったときに、「別にさえぎってもいい。話をさえぎる必要があったから」と思うわけです。

自分を苦しめるルールは、手放す

アメリカ人は、相手の話をさえぎってばかりです。アジアの人もそうですね。こうした外国人同士が話しているときは、誰かの話を別の誰かがさえぎり、また別の誰かが途中で話し始めてという流れが続いて、いつの間にか1つの方向にまとまっていきます。

私たち日本人の多くは、相手の話をさえぎることは良くないと思っているので、外国人同士が話しているときに、なかなか会話に入れません。

いつ自分が話す番がくるかなと思って待っていても、そうしたときがやってくることはほとんどありません。

ミーティングが終わって、この日本人はまったくこの場に貢献しなかったと外国人は判断するわけです。

外国人の多くは、人の話をさえぎって話をするべきだと考えています。それが当然だと思っているのです。しかし、多くの日本人は、それは正しくないと思っています。

結局、何が正しくて、何が正しくないかは、状況や文化によって違うので、正解はないわけです。

大切なのは、そのルールによって、自分が苦しむかどうかなのです。

ですから、自分を苦しめるルールは、手放すことをお勧めします。

自分を苦しめるルールを減らせば減らすほど、人間関係はラクになります。

究極的な話、「なんでもあり、何があっても平気」と思っている人は、ルールがない人です。

ルールを手放す、一番効果的な方法

ルールを手放すために、一番お勧めなのは、**「自分に甘くなる」**ということです。

多くの人は、「自分に甘くなる」という表現に対して、ネガティブなイメージを持っています。世間一般では、自分に甘くなると、「自分がダメになってしまうのではないか」「相手を甘やかしたら、相手がダメになってしまうのではないか」「自分や人に甘くなることは悪いことだ」と思っている人が多いでしょう。

実は、そこが大きな盲点なのです。多くの人は、このことに気づいていません。

「自分に甘い考え」と「自分に甘い行動」は違います。

たとえば、土曜日に、やりたいことがいろいろあったけれど、つい、一日中ダラダラと過ごして、何も生産的な活動ができなかったとします。この状況において、自分に甘い行動というのは、ダラダラしたことです。自分に甘い考えとは、そのダラダラした自分をOKと思うことです。

「この休息は必要だった。それだけ疲れていたからダラダラした。必要な休息をとるのはいいことだ。むしろ積極的にダラダラしよう」という考えは、自分に甘い考えです。一方、自分に厳しい考えとは、「ダラダラすべきでない」「ダラダラしてしまったなんて、自分はどうしようもない人間」だと思って、自分を責めることです。

あなたは、これまでの人生で、ダラダラしたことはありますよね。みんなあります。人はなるべくラクをして生きたいと思う生き物ですから、人がダラダラするのは、自然なことです。

多くの人は、自分以外の人はダラダラせずに活動的で、自分だけがダラダラしていると思っていますが、そんなことはありません。

「時間はすべての人に平等に与えられている。時間は命だ。だから、時間を有効に活用していないことは、命を粗末にすることだ」などという考えを元に、「ダラダラした自分はダメな奴だ。ダラダラするなんて良くない。なんで1日をこんなに無駄にしてしまったのだ」と思うのは、自分に厳しい考えです。

自分に厳しい考えをしている人ほど、自分に甘い行動をとる

自分に厳しい考えを持ったときには、人は自己嫌悪に陥ります。ストレスを感じます。ストレスを感じたら、もっと休息が必要になります。もっとダラダラする必要が出てくるのです。

私たちがダラダラするのは、疲れているからです。必要な休息をとっているだけです。

けれども、それに対して自分を責めて、自分に厳しい批判をすると、より多くのストレスが溜まって、そのストレスを解消するために、さらなる休息が必要になります。

結果的に、自分に厳しい考えをしている人ほど、自分に甘い行動をとるようになるのです。

土曜日にダラダラした自分を責めていたら、ストレスが溜まって十分な休息がとれず、日曜日も休息が必要になって、ダラダラすることになります。そして、日曜日も自分を責めていたら、十分な休息がとれずに月曜日に突入することになります。

多くの人が勘違いしているのが、「自分に甘い考えを持ったら、自分に甘い行動をとりやすくなるのではないか」ということです。

しかし、その考えは幻想です。

私たち人間は、いっさい何もする必要がない、のんびりしていいという状況が続いたら、すぐに飽きます。

何日か入院したことがある人だったらわかるでしょう。人は必要な休息をとったら、それ以上は退屈に感じて、早く活動がしたくなるものです。

人間の生活には、波があります。波は休息と活動を繰り返します。**十分な休息が十分な活動につながり、十分な活動が十分な休息につながります。**

これが最も無理のない、自然な形なのです。

ですから、心と体が休息を欲したら、それを無条件に受け入れればいいのです。必要以上に休もうとしたら、退屈だし、つまらないし、苦しくなります。必要な休息をとったら、人間は活動的になります。

うつ病が早期に回復する人がやっていること

休息の時間に、自分を責めると、それは休息になりません。

ストレスが、どれほど健康に害を及ぼすか気づいていますか？

人から責められたときには、大きなストレスを感じます。すると、そのストレスから逃れるために、自分に甘い行動、たとえば、より多くのストレス解消（お酒やチョコレートや休息など）が必要になります。

自分で自分を責めるのも、同じぐらいのストレスが溜まるのです。

ですから、自分に厳しい考えを持っている人ほど、自分を責めるから、自分に甘い行動をとらざるを得なくなります。

多くの人は、自分に甘い行動をとっている自分をまた責め、さらに休息が必要になるという悪循環にはまっています。そして、慢性的にストレスがどんどん溜まっていきます。

うつ病になっている人は、自分に厳しい考えを持っている人が圧倒的に多いのです。

そして、その行動を見ると、自分に甘い行動をとっているのです。

うつ病が早期に回復する人と、長引く人の違いは何でしょうか?

早期に回復する人は、自分に甘い考えを持つことの大切さに気づき、自分に甘い考えを持つようになった人です。一方、うつ病が長期化する人は、自分に甘い考えを持つことの大切さに気づかず、相変わらず自分を責め続けています。

一般的に、病気は自分に大切なメッセージを教えてくれます。病気が強制的に休息をとらざるを得ない状況にしてくれたのです。

病気の人は、自分の心の奥底の悲鳴に気づいてください。今まで必死に自分の心にふたをして、一生懸命頑張って、ストレスを溜めて、無理をし続けてきたのですよね。その無理が限界にきて、強制的に自分に甘い行動をとらざるを得なくなったのです。

でも、**甘い行動をとりながらも、厳しい考えをしていたら、全然休息になりません。**

1日何もしなかったとしても、その人の頭の中で自分を責め続けるから、苦しいのです。そして、さらにもう一日休みが必要になります。

一方で、そんな自分を受け入れ、「人間は疲れたら、休むのが当たり前。ストレスが溜まったら、休息が必要なのは当たり前。必要な分だけ休んでから、次に行動すればいい」と思える人もいます。

そのように、**自分に甘い考えを持っている人はすぐに立ち直って行動できる**から、結果的に病気が治るのが早いのです。

できる人ほど、自分に甘い

実は、会社員でも起業家でも、できる人ほど、自分に甘いのです。

一方、**仕事のできない人は、自分に厳しい考えを持っている人が多い**という傾向があります。

心理学では、「楽観的な人ほど、成功しやすい」と言われています。自分に甘い考えを持っている人は、楽観的な傾向が強くあります。一方、自分に厳しい考えを持っている人は、悲観的なケースが多くあります。

楽観的な人と悲観的な人とでは、同じ状況に対して、まったく違う考えが浮かびます。

それによって、生じる感情が大きく異なります。

たとえば、手元がくるって、コップの水をこぼしたとしましょう。悲観的な人は、

「なんで自分はこんな不注意なことをしてしまったのだろう」と思って、自分を責めて落ち込みます。楽観的な人は、「あ、運が悪かったな。なんか手がすべっちゃった。このコップは、なんでこんなに滑るんだよ」と思って、コップのせいにします。自分のことを不注意だと責めることがないため、余計なストレスを感じません。

別の例としては、**仕事ができる楽観的な人**は、何か仕事でうまくいかないことがあったときに、**たまたま運が悪かった**と解釈します。**自分を責めません。**ですから、何かうまくいかないことがあっても、ダメージを最小限に抑えることができます。すぐに、今自分ができることは何かを考え、解決策に移れるのです。問題解決が迅速に進みます。

一方で、**仕事のできない悲観的な人**は、何かうまくいかないことがあったときに、**自分を責めます。**「私はなんてミスをしてしまったのだ」と思います。

しかし、本当は、いろんな要因が関係しています。たまたまマーケットや販売時期が悪いのかもしれません。たまたまそのときお客さんの機嫌が悪かったのかもしれません。天気のせいかもしれません。誰か別の人が見えないところでヘマをやったせいかもしれません。本当のことは誰にもわかりません。

しかし、悲観的な人は瞬間的に自分のせいだと思うのです。自分の能力や性格のせいであり、しかも、これは自分が変わらない限り、ずっと続くと考えて、大きなストレスを感じます。

ストレスを感じているときは、すぐに解決策に移れません。クリエイティブなアイデアが出てきません。行動に移せないのです。

その結果、自分に甘い行動をとらざるを得なくなります。

本来は、問題に気づいたら、すぐに上司に報告して、素早く手を打たなければいけないのに、ストレスのために頭が働かず、報告が遅れてしまいます。

まずは、情報収集してから報告しようと考え、問題を悪化させる行動をとってしまいます。それに対して、上司から「なぜもっと早く報告しなかったんだ」と責められて、さらに落ち込むわけです。

落ち込むとストレスを感じ、自分はダメだと思って、さらに自分に甘い行動をとらざるを得なくなってしまうわけです。結果的に、あの人は、「本当に行動が甘い。自分に甘い、ダメな人だ」とまわりから思われます。

本当は、自分に厳しい考えを持ったから、自分に甘い行動をとらざるを得なくなっているのですが、まわりの人はそこまでは気づかず、表面的に「この人は仕事も考え方も甘い」と評価するわけです。

一方、自分に甘い考えを持っている人は、すぐに上司に報告します。たいしてストレスを抱えることなく、すぐに解決の方向に動き出せるからです。

その結果、高い成果を出して、活動的で仕事ができる人と思われています。実際、自分に甘い考えを持っている人ほど、まわりから、ストイックだとか、自分に厳しい人と思われがちです。幸せな成功者をよくよく見てみると、自分に甘い考えを持っている人が多いということに気づくはずです。

自分に甘い人は、他人にも甘い

自分に甘い人は、他人にも甘いのです。自分に厳しい人は、他人にも厳しいのです。それ以外はありえません。

世間では、「自分に甘くて、他人に厳しい人間がいる」とか、「自分に厳しくて、他人に甘い人がいる」と言われています。これは、大きな勘違いです。そんなことは絶対にありえません。

なぜなら、必ずルールが両者に適用されるからです。片方だけに適用されるということはありえません。

「自分に甘くて、他人に厳しい」と言われている人は、実は、内面は自分に厳しい考えを持っています。いつも自分を責めているから、ストレスが溜まって、結果的に自分に甘い行動をとりがちになります。この人は、本当は、自分に厳しくて他人にも厳しいのです。

「自分に厳しくて、他人に甘い」と言われている人には、2つのパターンがあります。

1つは、本当は**「自分に甘く、他人にも甘い」**という人です。この人は、内面は自分に甘い考えを持っていますから、その分ストレスが少なく活動的となり、自分に厳しい行動をしているように見えるのです。自分に甘いから、他人が甘いことをやっていても、受け入れられます。

「自分に厳しくて、他人に甘い」と言われている人のもう1つのパターンは、本当は、**「自分に厳しく、他人にも厳しい」**という人です。この人の内面は、ものすごく傷ついています。他の人に甘くするときに、自分は我慢しているのです。自分に厳しい人は、自分がルールを破ったら、自分を責めます。他の人がルールを破ったときには、責めないけれど、我慢しています。我慢しているから、ずっとストレスが溜まって、そのうちに限界がきます。その結果として、他人にストレスをぶつけて、他人に厳しくなるか、自分に甘い行動をとらざるを得なくなります。

このように、自分に甘い人は、他人にも甘いのです。自分に厳しい人は、他人にも厳しいのです。それ以外はありえません。自分が持っているルールは、必ず両者に適用されるのです。

自分に甘くすることに、許可を与える

「自分に甘くなる」とは、**「自分をいっさい責めない」**ということです。自分に甘くなると、自分を苦しめるルールが自然に減っていきます。

「自分の愛し方がわからない」と言う人はたくさんいます。ですが、「自分に甘くできない」と言う人はあまりいません。

皆さん、自分に甘くする方法はわかっています。なぜなら、人はなるべくラクをし

たい生き物ですから。そのおかげで、科学文明がこれだけ発達したのです。冷蔵庫があるのも、テレビがあるのも、洗濯機があるのも、飛行機があるのも、全部、人間がよりラクをしたい生き物だからです。

自分に甘くなるのは、簡単です。人は誰でも甘い行動をとりますから。**自分に甘い行動をとっているときに、その時間を楽しめばいい**のです。

チョコレートを食べたときは、「チョコレートを体が欲していたのだ。じゃあ、それを楽しもう」と思って、楽しみましょう。ダラダラしたくなったときは、「体が休息を求めているから、今日はダラダラしよう」と思って、その時間を味わえばいいのです。そう思ってダラダラすると、すぐ動きたくなります。逆に、こんな自分はもうダメだと思って自分を責めると、もっとダラダラしたくなります。

頭の中で、自分に厳しく思おうが、甘く思おうが、人はラクをしたがる生き物です。それが本能ですから。そのときに、**自分を責めるか責めないかで、回復の速度が全然違います。**

こうしたことに気づけば、自分に甘くするのは簡単です。みんな、自分に甘くすることに、許可を与えていないだけなのです。

ですから、ぜひ許可を与えてあげてください。回復したら、動き出すのが人間の自然なリズム。それに逆らわないということですね。すると、夢や目標の実現に使うエネルギーをキープできます。

自分を責めないで、ストレス回復に専念すれば、最短の時間で回復した後、夢の実現のために、資格の勉強を始めたり、運動を始めたりするエネルギーが出てきます。

自分に厳しい人は、このエネルギーが失われるわけです。結果的にもっとダラダラするようになります。

自分を傷つけている最大の敵は誰か?

私がこういうことを言うと、「日本の会社組織の中では、自分に甘くするのは難しいのではないか」という疑問を持つ人がいます。

確かに、日本では自分に厳しいことが美徳とされている雰囲気があります。しかし、先ほども言いましたが、本当は、できる人ほど、自分に甘いのです。

会社組織の中で、仕事のできる人をよく見てください。自分に甘い考えをしているはずです。表面的には、その行動がストイックに見えたり、自分に厳しい行動をしているように見えるでしょう。なぜなら、**自分で自分を責めていないから、余計なストレスを抱えていない分、活動的でクリエイティブでいられる**からです。

一見、パワフルな人や、情熱的に生きている人は、たくさんのことを成し遂げているから、「この人は、活動的で、自分をコントロールしてすごい」とまわりからは思われます。

でも、それは表面的なイメージだけです。仕事ができる人や自分に厳しいと思われている人ほど、実は、セルフケアを大切にし、自分に甘い考えを持って、陰で上手に息抜きをしています。

多くの人にとって、自分の最大の敵は自分です。自分を責め、自分を最も多く傷つけている人間は誰かと言ったら、自分なのです。

ということは、自分をいっさい責めなくなったら、最大の敵が味方になるわけです。そうすると、ストレスが圧倒的に減ります。そこで生まれたエネルギーは、生産的な活動に向けられます。

自分を責めるのをやめることで、膨大なエネルギーがキープできるのです。

それだけのエネルギーがあれば、仕事ができるなんて当然です。それ以外に、夢や目標を実現するための活動もできるようになります。

ここまで読んで、「自分は厳しい考えをしているな」と思ったら、ぜひあなたも、自分に甘くしてあげてください。自分を責めるのではなく、もっと自分を大切にしてください。そのほうが、人間関係はもちろん、人生すべてがうまくいきます。

第8章

嫌いな人が気にならなくなる5つのステップ

自分のルールを自覚する——自分を苦しめるルールを手放すステップ①

先の章でもお伝えしたとおり、自分を苦しめるルールを手放すと、嫌いな人が気にならなくなります。

自分を苦しめるルールを手放すには5つのステップがあります。順番に解説していきましょう。

1つ目は、「自分のルールを自覚すること」です。

自分のルールが自分でわかれば、ルールを手放すことができます。怒りを感じているときには、自分の中の何らかのルールが他人に破られているのですが、自分のルールは無意識下にあるため、自分ではそのことがわかりません。自分のルールが何かわからないから、同じような状況で、何度も繰り返し怒ることになるわけです。

ですから、まず自分のルールを見つけることが大切です。

自分のルールを見つけるには、**自分の嫌なところとダメな部分を書き出す**ことをお勧めします。自分の嫌なところやダメな点は、自分が何らかのルールを破っているから、嫌だとか、ダメなどと思うわけです。

他者のダメな部分と嫌な部分は、自分も持っている

次に、**自分の親を思い浮かべて、自分の親のダメな部分と嫌なところを書き出します。**

親は自分が小さいころからずっと一緒にいたので、親がしょっちゅう自分のルールを破っている可能性があります。

また、親の嫌な点やダメな部分を書き出したら、実はそれは自分の嫌な点、ダメな部分なのです。

すべての人は、自分の内面を映し出す鏡です。たとえば、私が、ある人を怒りっぽいと判断したとします。その場合、私の中にも怒りっぽい部分があるのです。もし、私の中に怒りっぽい部分がまったくなかったら、他人の怒りっぽいという概念を理解できません。ですから、不快に感じることはないはずなのです。

私がある人を威圧的な人だと判断して、嫌な気持ちになったとします。その場合、私自身もそういう要素を持っていたり、自分も人前でもっと威圧的で堂々とできたら

いいなと思っています。そうした自分の中の抑圧した気持ちのことを、心理学の用語で「シャドウ」と言います。目の前の人が怒りっぽいとか、威圧的だと感じて嫌になったら、そういうところを自分もどこかに持っているか、それを抑圧して我慢しているわけです。

いずれにしても、自分の中にルールがあるわけです。ですから、他人の嫌な部分、ダメな部分を書き出したら、イコールそれは自分の嫌な部分とダメな部分のことです。

人を嫌うのは、悪いこと？

ここで注意することがあります。多くの人が、「他者の嫌な点やダメな点について考えるのは悪いことだ」と思っています。人を嫌うのは悪いことであり、人を見かけで判断したり、裁いたりするのは悪いことだと思っているわけです。その気持ちはよくわかります。私もそのように思っていた時期がありますから。

でも、よくよく考えていただきたいのです。私たちみんな、そのことを良いと思おうが悪いと思おうが、それに関係なく頭の中で常に相手のことを裁いていませんか？

他人の服装を見て、これはありえないだろうとか、ダサいとか、変な恰好とか、判断したことはありませんか？

人の性格についても、なんかこの人怒りっぽいなと無意識に判断していませんか？

この人はこういう人だとか、怒りっぽいとか、冷たい人だとか判断しますよね。

私たち人間は、頭の中で人を裁く生き物なのです。

それが事実です。それに抵抗しようとしても、この事実は動かしようがないのです。人を裁くべきでないと考えても、**誰もが常に無意識で人を裁いています。**どんなに人格的に優れた人でも、他者を裁いています。

人を裁いている人は、同じルールの元に自分も裁いています。

裁くとは、自分のルールを基準にして、それに合っているか、反しているかで判断することを指します。怒りっぽい人、ひがみっぽい人、人の内面にズケズケと入ってくる人、いろんな人がいます。私たちは、この人はこういう人だと無意識に判断するし、裁いています。

この点に抵抗しても苦しくなるだけです。自分が苦しい思いを感じるときは、常にあるがままの現実に逆らっていると言えます。

私たちは人を嫌うのも当たり前、裁くのも当たり前、嫌に思うのも当たり前なのです。そうでない人は、人間ではありません。

それなのに、人を裁くべきでないとか、人を判断すべきでないと考えたら、絶対にそれは達成できないことですから、自分が人を裁くたびに自己嫌悪を感じるし、他人が自分を裁いていると考えると、怒りを感じます。

人は人を嫌うべきでない、裁くべきでないというルールを持っている人にとっては、この世界はものすごく居心地の悪い世界です。

ですから、**遠慮せずに、親の嫌な部分やダメな部分を書き出してみてください。**ここで書き出しても、書き出さなくても、いずれにしても、頭の中で普段、無意識に親を裁いているはずです。

次に、**親以外で嫌いな人を思い浮かべて、その人の嫌いな部分やダメな部分を書き出してください。**

自分のルールをより明確にするために

ここまで自分や他人の嫌な部分やダメな部分を書き出しました。

これを**「〜べき」「〜べきでない」と書き直すと、ルールがより明確になります。**

もし、ルールとして明文化したいと思ったときは、書き直すといいでしょう。

「彼は怒りっぽい」と書き出していたら、人は人前で怒るべきではないというルールを持っている可能性があります。

そのように、変換できるようでしたら変換すると、自分のルールがより明確になります。

そのルールを考えているときの感情を味わう——自分を苦しめるルールを手放すステップ②

自分を苦しめるルールを手放す2つ目のステップは、「そのルールを考えているときの感情を味わうこと」です。

「人は人前で自分をひけらかすべきでない」というルールがあるとします。そうすると、まわりにそうしている人がいたら、腹が立ちます。そのときに、腹が立つ感情、それをじっくりと感じてみてください。味わうのです。

多くの人は、自分の感情にふたをしがちです。ネガティブな感情は感じるべきではないというルールを持っています。

しかし、それは自分を苦しめる考え方です。自分の感情にふたをすると、ストレスが溜まります。自分の感情にふたをし続けていると、ストレスが溜まって疲れ果て、何もかもが嫌になってしまいます。

ストレスを溜めないようにするには、ネガティブな感情を感じたときに、それをじっくりと感じればいいのです。

嫌いな人が目の前にいる場で、ネガティブな感情をじっくりと感じるのは抵抗がある場合は、少しその場から離れたところで、1人になったときに、そのネガティブな感情をきちんと感じてあげてください。

感情は役割を終えると、去って行く

以前、私が公園でサンドイッチを食べていたら、いつの間にか足や腕に蚊がとまっていて、あちこち刺されていました。体中がかゆくなってきたので、すっと立ち上がって、その場から離れました。

そのときに私は、ひたすらそのかゆみを感じることに意識を向けました。すると、かゆいのですが、不快には感じないのです。

そのように、**体の感覚を感じているときは、心は穏やか**です。なぜなら、頭が空っぽだからです。

体に意識が向いているときは、思考が働きにくくなっています。

体感覚と思考は両立が難しいのです。体がかゆいときに、そのかゆみから逃れようとしているときは、思考が働いています。思考が苦しい感情を生み出すわけです。ですが、かゆみを感じることに集中すると、思考が働かなくなるので、苦しくないのです。頭が空っぽになっていると、感情は平静になります。すると、かゆみはすぐに消え去ります。

かゆみだけでなく、その他のネガティブな感情もひたすら感じることに集中するのです。

怖いと思ったときは、怖いという感情が体の中のどこにあるのかを探し、見つけたら、そこでひたすら感じます。怒りも同様です。

そうすれば、感情は役割を終えて、自然と去って行きます。

感情は、注目されたいという気持ちがすごく強いので、その思いを感じていないふりをしたり、お酒を飲んで一時的に忘れても、あとでまたやってきます。ですから、感情はその場で味わうことをお勧めします。

そのルールを手放したほうがいいか自問する——自分を苦しめるルールを手放すステップ③

自分を苦しめるルールを手放す3つ目のステップは、「そのルールを手放したほうがいいか自問する」ことです。

ルールは手放さないほうがいいケースがあります。

なぜなら、**そのルールが作られたのは、過去のある時点で、少なくとも自分の役に立ったから**です。

人前で話をさえぎるべきでないというルールは、過去のある時点で役に立っていたわけです。だから、今そのルールが存在しているのです。

それを今手放したほうがいいかどうかを自問するわけです。

今手放したほうがラクになるのであれば、手放したほうがいいでしょう。手放したほうが苦しくなるのであれば、手放さないほうがいいでしょう。たいていは、手放したほうがラクになります。

そのルールをいろんな角度から見直す――自分を苦しめるルールを手放すステップ④

自分を苦しめるルールを手放す4つ目のステップは、「そのルールをいろんな角度から見直すこと」です。ここは、3つに細分化して、詳しく解説していきます。

①そのルールのすばらしさに気づく

1つ目は、「そのルールのすばらしさに気づくこと」です。

自分が自分のルールを破ったときには、「自分はダメだ」「自分は嫌いだ」という自己否定を感じやすいものです。そういうときに、**自分の嫌な部分が実は自分の役に立ってきたということに、気づいていただきたい**のです。

たとえば、以前、私の嫌いだった点は、感情を感じるのが苦手だったことです。私は感情のないロボットのような人間でした。感情を感じようと思っても感じられませんでした。自分は、人間として決定的な欠陥があるダメ人間だと思っていました。長いこと、自分がなぜ感情を感じるのが苦手なのかがわかりませんでした。

しかし、自分の内面を見つめることを繰り返した結果、昔いじめに遭っていたときから、自分の感情にふたをして過ごしていたことが原因だと気づきました。いじめを受ける前は、毎日が輝いていて、活き活きとしていました。そんな自分にとって、いじめがあまりにもつらかったので、そのつらい感情から身を守るために、無意識に感情から距離を置くようになったのです。

それ以来、10年以上自分の感情にふたをし続けて生きてきました。もし、そのとき自分の感情にふたをしていなかったら、とてもつらさに耐えきれず、自分か、いじめた相手を殺していたかもしれません。そのことに気づいたときに、自分自身に感謝の気持ちが湧きました。

意識も潜在意識も、自分にとってプラスになることしかしません。

少なくとも、そのルールが作られた時点において、そのルールは自分にプラスだったのです。

ですから、すべてのルールには、プラスの側面があります。自分の嫌な点、ダメな点にも必ずプラスの側面があります。そのルールのすばらしさに気づいてください。

先ほど書いた、自分と親と誰かのダメな点と嫌なところのリスト（以下、ダメ嫌リスト）がありますよね。あれを全部合わせてください。それぞれについて、その点のすばらしいことは何か、そしてその点が自分にどんなプラスの面をもたらしてきたかを書き出してください。必ずすばらしい点はあると信じてやってみてください。

②大切な人のように自分に接する

ルールをいろんな角度から見直すための2つ目の方法である「自分を大切な人のように接する」という話をしていきます。

人は、なぜか自分自身から非難された自分の嫌なところやダメなところを無条件に受け入れてしまいます。

一方、大切な人が、その人の嫌なところやダメなところを言って、あなたに相談してきたら、「そんなことないよ、大丈夫だよ」と言って励ましますよね。

不思議だと思いませんか？

ここが大事なポイントです。**自分自身に対して、大切な人のように接してください。**それが、自分を愛するということなのです。

よく自分の愛し方がわからないと言う人がいますが、自分の愛し方は簡単です。自分自身に対して、大切な人のように接すればいいのです。

ここでも、ダメ嫌リストを使います。

自分の大切な人をイメージしてください。親しすぎる人だとうまくいきません。家族などのように親しすぎると、つい批判して、お互い攻撃し合ったりしますから。そういう関係ではなくて、そこまで、相手を批判しないで、ちゃんとフォローしてあげられるような関係の人を想像してください。そして、その人と接するように、自分に接してみてください。

私であれば、コンサルティングのクライアントが相談に来たら、どういうふうに接するだろうかと考えます。そして、同じ接し方を自分にするわけです。

そのクライアントが「自分が今持っているダメ嫌リスト」と同じものを持ってきて、自分を責めていることをイメージします。そのとき、自分はそのクライアントにどう接するか、どのような言葉かけを行なうか、どのように励ますかを想像します。

こういうことをしないでいると、自分を非難するだけで、ズタボロに自分を攻撃して終わりになってしまいます。自分を責める気持ちが出てきたら、自問してください。

「待てよ、自分にとって大切な人に、こういうことを言うだろうか?」と。

大切な人が同じような悩みを相談してきたら、自分はなんと言うだろうと考えて、それを、自分へのメッセージとして受け入れましょう。

自分を愛してください。それは、自分自身に対して大切な人のように接するということです。

③自分を受け入れる

ルールをいろんな角度から見直すための3つ目の方法は、「自分を受け入れる」です。世の中には自分の嫌な点やダメなところを、あえて自分からさらけ出す人がいます。

「私ってこういうところダメなんだよね」「私って人見知りなところがあるから」「私ってちょっと忘れっぽいところがあるの」などなど。

そのように**自分の嫌な点やダメなところをあえて自分からさらけ出す人には、2種類のタイプ**がいます。

1つ目のタイプは、その点についてまったく何も不快に思わず、完全に受け入れている人です。これは、自分の1つの特徴なのだと思って、ただ単に、なんの抵抗もなく話している人です。

2つ目のタイプは、注目を集めるためや、自分のダメージを減らそうと、あらかじめ、自分の嫌なところ、ダメなところを言う人です。

たとえば、「私は短気です」と言っておけば、自分が短気を出したときに、そのダメージが減るわけです。「私は忘れっぽいんです」と言っておけば、忘れたときに、こういう人なのだということで、相手からの評価が悪くなることを避けられますよね。

前者は、自分を完全に受け入れているからラクです。後者は、自分を受け入れていません。一見そのように言ったとしても、内心ではその点を指摘されることにビクビクしています。そして、指摘されたときには、内心がすごく傷つきます。

時々、「私いっさい気にしないから、なんでも言っていいよ」と言って、フィードバックを求める人がいますが、ダマされないでください。後者のほうが世の中には多いので、実際フィードバックすると、そういう人は、ものすごく激怒したり、泣いたりして、あとであなたが恨まれることになるかもしれません。

自分の欠点は、自分の特徴でもある

一見すると、自分の欠点だと思うようなところも受け入れましょう。

それは、自分の特徴の1つだからです。自分の嫌な点やダメなところは、見方によっては、良い点もあるので、それはあくまでも自分の特徴であると言えます。

大きな欠点だと思っている部分が、実は最大の武器になることもあります。無理に自分を変えようとする必要はありません。変えようとすると、自分の良い点も否定することになります。自分はそういう人間なのだと、開き直ってください。

自分のダメなところを受け入れると、適切な対策がとれる

私自身は、ミスが多くて、忘れっぽい人間です。それをわかっているから、作業をするときに、自分はミスをする人間だと思っています。

しかし、それは自分の特徴だととらえて、不快にはなっていません。自分はミスをする人間だと思っているから、何か作業をするとき、たとえば、メールを送るときには、どんなときでも機械的にチェックするようにしています。添付し忘れはないかとか、送信先アドレスに間違いはないかとか、自分を信用していないから、自分がミスをしないための仕組みを整えるわけです。

自分はミスをする人間だと思うことは、同じルールが他者にも適用されるので、他の人もミスをする人間だと思っています。

だから、何か問題があったときには、それは人が悪いのではなくて、システムが悪い、ルールが悪いと考えます。

たとえば、私の会社のスタッフがミスをした場合、それは**その人が悪いのではなく**

て、そういうシステム、流れになっているのが原因だと考えます。ですから、そのミスを今後起こさない仕組みを作るようにしています。

そのように、自分の嫌なところやダメな点をそういうものだと受け入れると、適切な対策がとれるわけです。

責めてもまったく意味がありません。自分は忘れっぽくて、よくミスをする人間だと思っている場合、そういう自分を受け入れるとラクだし、対策もとれます。

さらに、それが**自分の愛嬌《あいきょう》になります。**仲間から、「まったくお前はどうしようもない奴だな」と言われ、笑いにつながるわけです。「こいつは、ちょっとうっかりしているところがある」というふうに、ユーモアを持って受け入れられると、自分も開き直れます。

人は、完璧《かんぺき》な人よりも、どこか欠点のある人のほうが好きになるものです。人間味を感じるからですね。

ルールのほうが私を手放してくれる——自分を苦しめるルールを手放すステップ⑤

今までの1〜4のステップをたどると、実は、私がそのルールを手放すのではなくて、「ルールのほうが私を手放してくれる」ことがわかります。ルールは、手放そうとして手放すのではなく、この4つのプロセスを行なうと、ルールのほうが私を自然と手放してくれます。気づいたら、なんかラクになっていて、そのルールがなくなっていたという感じです。

第9章

「何もかもめんどくさい」を解消して、希望を取り戻す

人生で最大の勘違い

「何もかもがめんどくさい」と言う人がいたら、その人は昔の私と同じです。自分の感情にふたをして、我慢し続けて疲れ果ててしまった状態にいるはずです。

多くの人は、人生で最大の勘違いをしています。

それは、**ネガティブな感情を感じてはいけないと思っていることです**。多くの人は自分の感情にふたをしがちなのです。ネガティブな感情は感じるべきでないというルールを持っているわけです。でも、それは自分を苦しめる考え方です。

多くの人は、ネガティブな感情を感じたときに、なるべくその場でそのネガティブな感情を抑え込もうとします。もしくは、そんな感情を感じていないよというように、とぼけます。気づいているけど、ふたをするか、気づいていないふりをするのです。

ネガティブな感情にふたをすることの最大の欠点は、**ネガティブな感情にふたをすることで、ポジティブな感情にもふたをすることになる**点です。

私たち人間は、特定の感情だけにふたをすることはできません。感情にふたをすることは、すべての感情にふたをすることになるのです。

つまり、ネガティブな感情にふたをすることで、うれしい、楽しい、喜びなどのポジティブな感情が感じにくくなります。

それだけでなく、おいしいという感情も感じにくくなります。好きとか、やりたいという感情も感じにくくなります。

「自分が本当に好きなことがわからない」「自分が本当にやりたいことがわからない」と言う人は、自分の感情に長い間ふたをしてきたので、そもそも好きとか、やりたいという気持ちを感じられなくなっているケースが多いのです。

逆に、自分の感情にふたをしないで、自分の感情に敏感になれば、今までよりも食事がもっとおいしくなり、好きなことや、やりたいことがはっきりします。そして、より大きな喜びや感動を味わう人生を送れるようになります。

「何もかもめんどくさい」と思ったら、まずやるべきこと

「何もかもがめんどくさい」と言う人は、今、たくさんのストレスを抱えていること

を自覚してください。

その人は、今までずっと自分に厳しくしてきたはずです。もう**いっさい自分を責めるのをやめて、しっかりと休息をとりましょう。**

自分に甘くしていいのです。自分に甘くすることは、自分をいっさい責めないということです。

自己責任という言葉をよく目にします。よく自己啓発の本で、自分の人生に責任を持ちましょうとか、自分の人生のハンドルを握りましょうなどと書かれています。そして、自分を変えなければ状況は変わらないとも書かれています。あなたの人生は、意識的にしろ、無意識にしろ、これまで自分が選択してきた結果であるなどと書かれています。

こうした言葉は、これまでの人生で他人や状況のせいにばかりして苦しんでいる人には役に立つかもしれません。

一方、自分を責める習慣を持つ人をより追い詰める考え方でもあります。

実際のところは、**自分が苦しんでいるのは、自分のせいでも他人のせいでもありません。**

自分のルールがうまくいっていないからです。

自分のルールを作ったのは、自分の責任ではありません。知らぬ間に勝手に作られたのです。親の教育、学校生活、会社、テレビ、本などで、たくさんのルールが知らぬ間に身に付いていたのです。

ルールがあればあるほど、不快な感情を感じる時間が多くなっています。それに対して、多くの人は、ルールを手放すのではなくて、感情にふたをすることで、表面上対応してきたのでしょう。

ですから、感情にふたをするのはもうやめてください。代わりにこの本に書かれていることを実践して、自分を苦しめるルールを少しずつ手放してください。

慌てる必要はありません。**休息をとりながら、自分に甘くして、少しずつルールを手放していけばいい**のです。

「自分」は、変えようとするものではない

自分や他人の思考、感情、体はコントロールできません。これをコントロールでき

ると思うから、苦しいのです。

思考は、雲のように次から次へ自分の頭にやってくるものです。1日に約6万回も考えていますから、思考はコントロールできません。それにともなって感情もやってきますから、感情もコントロールできません。

自分の体もコントロールできません。

自分は変えようとするものではありません。変わる必要があったら、勝手に変わるものなのです。自分を変えようと思うから、苦しいのです。

ただ、自分に甘くなればいいのです。あなた自身はすばらしい存在なのですから、**自分に正直であればそれでいい**のです。

自分が休みたいと思ったら、休めばいいし、遊びたいと思ったら遊べばいいし、この人と一緒に過ごしたいと思ったら過ごせばいい。それだけなのです。

自分に正直になれないと思ったら、自分に甘くすることから始めましょう。これだったら、誰でもできますから。みんなやり方を知っています。

自分が今すぐ幸せになる許可を与えてください。

あなたは今すぐ幸せになっていいのです。

この本に書いているとおりにやれば、今すぐ幸せになることができます。そして、少しずつ自分の好きなことをやっていけば、幸せがさらなる幸せを引き寄せ、人生が好転していきます。

おわりに——すべての人は、すでにベストな人生を歩んでいる

最後までお読みくださって、本当にありがとうございます。

「本を読むのも、めんどくさい」と言う方が、ここまでお読みいただいているとしたら、まさに「めんどくさい」ことを早くも1つ達成されたわけですね。

「めんどくさい」という感情とうまく付き合えるようになると、心と体がラクになります。不安や恐れが減って、感情がより鋭敏になります。

それによって、自分が本当に好きなこと、本当にやりたいことが自然と見えてくるようになります。すると、自分が本当に好きなことだけをして、生きていけるようになります。

その第一歩としてお勧めしたいのは、私が開発した**無料「めんどくさい」診断**です。

http://www.inspire-inc.biz/mdt/

1分以内に回答できる5つの選択式質問に答えるだけで、自分の現在の「めんどくさい」状態が診断されます。そして、診断内容を元に、「めんどくさい」を解消するにはどうすればよいか、**具体的なアドバイス**を受け取ることができます。「めんどくさい」解消の第一歩として活用してみてください。

最後に、**多くの人が陥りやすい落とし穴**をお伝えします。

この本では、いろいろなことをお伝えしてきましたが、そのうち1つでも、「〜すべき」というようには思わないでください。

たとえば、

「人はルールを手放すべきだ」というルールを持つと苦しくなります。

多くの人は、全部のルールを手放していません。このルールは、自分からも他人からも、破られる可能性が高いものです。そのぶん、不快な感情を感じる機会が多くなります。

その他にも、

「めんどくさいを解消すべきだ」
「考えすぎるべきでない」
「ありのままの自分でいるべきだ」
「今すぐ幸せになるべきだ」
「感謝を味わうべきだ」
「幸せをかみしめるべきだ」
「自分を愛するべきだ」
「自分を受け入れるべきだ」
「パッションを生きるべきだ」
「自分に甘くなるべきだ」

こうしたルールを持つと、とても苦しくなります。

なぜなら、こうしたルールを持つ人は、社会では少数派なので、これからの人生で多くの人がそのルールを破ってくると予想できるからです。

「あなたの考え方は間違っている」と面と向かって言ってくる人がいるかもしれません。

相手が自分のルールに反した考え方や行動を示すと、あなたは、イライラしたり、不快な感情を感じるはずです。無意識に、こうしたことを知らない相手を見下すことになるかもしれません。それも、不快な感情です。

さらに、この本で学んだことをすべて、すぐに実践できるとは限らないので、自分自身がそうしたルールに反した考えや行動をとることで、自己嫌悪を感じて、つい自分を責めてしまうかもしれません。

これが、自己啓発や成功哲学の落とし穴なのです。

自己啓発本を読んだり、セミナーに行く人は、成功者の教えを学べば学ぶほど、無意識に「〜べき」「〜べきでない」というルールが作られていきます。

すると、どんどん自分が苦しくなります。世間的に見たら少数派のルールが作られるわけですから、社会の多数派が次々とそのルールに反した考えや行動を示して、自分が不快な気分を感じやすくなるのです。

もちろん、自己啓発や成功哲学が良くないという話をしているのではありません。

自分も含めて、すべての人は、ベストな人生を送っています。

今すぐ幸せになりたい人はなればいい。なりたくない人はならなくてもいい。自分に甘くなりたい人はなればいいし、なりたくない人はならなくていい。自分が学んだ教えを実行したければすればいいし、実行しなければいけないわけではないのです。みんな正しいのです。

なぜ私は、自分も含めてすべての人はベストな人生を送っていると断言できるのか？

この点を理解していただくために、具体例を挙げます。

AさんとBさんの2人の人生を比べてみてください。

Aさんは億万長者であり、自由な時間とお金、家族との深いつながり、健康な体、たくさんのすばらしい友人、人の役に立つ有意義な仕事、充実した趣味を持っています。Bさんは、お金に困っていて、自由な時間がありません。人にいじわるをして、自分を責めて苦しんでいます。健康を害し、友達はいません。その日暮らしが精一杯で退屈な仕事を朝から晩まで行ない、趣味の時間も持てません。

さて、**AさんとBさんのどちらの人生のほうがすばらしいでしょうか？**

あなたは断言できますか？　よく考えてください。

これを断言できる人はいないはずです。

なぜなら、今、心から幸せな人生を送っている人の多くが、過去にBさんのような人生を送っているからです。逆に、今Aさんと同じような人生を送っている人が、何かのきっかけで人生に絶望し、自殺するようなケースがあるからです。

つらい経験をしている人ほど、本当の幸せに目覚めやすいのかもしれません。もちろん、Aさんのような人生を続けて、さらに幸せになる人もたくさんいます。

つまり、ある一時点だけを見て、誰かの人生が別の誰かの人生よりすばらしいということは、誰にも言えないのです。

ですから、この本でお伝えしたような内容を知っている人のほうが、長期的に見て、知らない人よりも幸せになれるとは必ずしも断言できないわけです。

だとすると、私の仕事に何の意味があるのでしょうか?

なぜ私は講演活動をしたり、本を書いているのでしょうか?

それは、私がただ単に**好きなことをやっているだけ**です。講演をするのが好きなのです。本を書くのが好きなのです。才能を発揮して、自分が活き活きとしている実感があるのです。

私は人のために何かをしなければならないとは思っていません。ですが、人のために何かをしたいと思っています。

私の人生の目的は、「人生を最高に味わうこと」です。自分が楽しいことをしながら、それに共感してくれる仲間とともに一緒に楽しい人生を送っていきたいのです。

その結果として、もしかすると、まわりの人にいい影響を及ぼしている可能性もあります。それだったらそれでいいし、そうでなくてもかまわない。ただ、それだけのことです。

「人」の「為」と書いて、「偽り」と読みます。私があなたのためにこの本を書いたと主張するなら、私は傲慢で、大変おこがましい人間だと思います。あなたに失礼な話です。

あなたはすでにベストな人生を送っている、すばらしい存在です。本書を通じて、そのあなたとこうしてご縁があったことに心から感謝いたします。

ここまで読み進めていただき、ありがとうございました。

ぜひ、今後どこかで直接お会いしましょう。

2015年2月

鶴田豊和

【著者プロフィール】
鶴田豊和（つるた・とよかず）

行動心理コンサルタント。世界一の情熱発見ツールと呼ばれる「パッションテスト」の日本初の指導者。無名の中小企業で仕事が合わずうつ状態のときに、さまざまな自己分析の末に自分の情熱を見つけ、マイクロソフトに正社員として入社。マイクロソフトの人事として、数千名の面接経験を持ち、さまざまなキャリアに精通。マイクロソフト社内でトップ3％以内の成果を出し、Asia Gold Club Award を受賞。その後独立し、「情熱と幸せ」をテーマにした講演会・コンサルティングなどを行なっている。これまで延べ5000名以上をサポートし、天職や夢の実現に導く。講演家としても活躍し、世界的スピーカーたちと同じ舞台に登壇し、気鋭のコンサルタント兼スピーカーとしても注目を浴びている。訳書に『心に響くことだけをやりなさい！』『ブレイクスルー！』がある。

著者ホームページ　http://www.inspire-inc.biz/
無料「めんどくさい」診断　http://www.inspire-inc.biz/mdt/

「めんどくさい」がなくなる本

2015年3月7日　初版発行
2015年6月28日　13刷発行

著　者　鶴田豊和
発行者　太田　宏
発行所　フォレスト出版株式会社
〒162-0824 東京都新宿区揚場町2-18　白宝ビル5F
電話　03-5229-5750（営業）
03-5229-5757（編集）
URL　http://www.forestpub.co.jp

印刷・製本　中央精版印刷株式会社

ISBN978-4-89451-656-4　Printed in Japan